Biografia de Mahommah Gardo Baquaqua

Samuel Moore
M. G. Baquaqua
Fabio R. de Araujo
(tradução, introdução e notas)
IAP © 2018-2020

Copyright © 2018-2020 IAP

Todos os direitos reservados. Esta publicação está protegida por direitos de autor e permissão por escrito deve ser obtida da editora antes de qualquer reprodução, armazenamento ou transmissão.

Biografia de Mahommah Gardo Baquaqua / Samuel Moore, M. G. Baquaqua e Fabio R. de Araujo - 1ª ed.

1. Biografia
2. História

Índice[1]

Introdução   5
Prefácio original e Notas do compilador   12
Capítulo 1. Religião na terra de Mahommah   16
Capítulo 2. Governo e leis na África   19
Capítulo 3. Vida e geografia da terra de Mahommah   22
Capítulo 4. Agricultura e arte na África   26
Capítulo 5. Modos, costumes etc. na África   29
Capítulo 6. Casamento, superstições, comércio, escravidão etc. na África   31
Capítulo 7. A vida de Mahommah na África   38
Capítulo 8. Captura e escravidão de Mahommah   49
Capítulo 9. O navio negreiro   60
Capítulo 10. A escravidão no Brasil   63
Capítulo 11. Liberdade em Nova York   73
Capítulo 12. Haiti e Cristianismo   81
Capítulo 13. Faculdade nos Estados Unidos   86
Capítulo 14. Canadá   92
Apêndice A. Oração de Mahommah pelos oprimidos   94
Apêndice B. Números   96
Apêndice C. O navio negreiro descrito por Equiano   97
Apêndice D. Cartas de Baquaqua   105

---

[1] Foram criados títulos para os capítulos que refletem um pouco melhor o conteúdo de cada capítulo, em vez de ser feita uma simples tradução dos títulos originais. Além disso, o mais longo dos capítulos foi desmembrado, transformando-se em capítulos menores. Também foram adicionados apêndices e notas de rodapé. Os apêndices C e D não se encontram na edição em inglês.

Introdução

Mahommah Gardo Baquaqua era um homem livre na África, onde foi escravizado, e posteriormente viveu como escravo no Brasil por cerca de dois anos, onde recebeu o nome de José da Costa. Ele nasceu na década de 1820 no pequeno reino de Zugu[2], situado em Benim, onde era uma espécie de mensageiro e guarda-costas do rei, já que sua mãe era parente do rei, pouco antes de ser capturado. O reino de Zugu era, nos anos de vida de Baquaqua, uma nação tributária[3] de outro reino africano, Borgu[4], atualmente situado entre Benin e Nigéria. De acordo com os especialistas Samuel Decalo e Mathurin Houngnikgo[5], Zugu ou Djougou era uma nação, "às vezes, vassala do reino Kouandé Bariba", tendo sido "um dos pontos de parada mais importantes nas rotas de caravanas entre Kano (Nigéria) e Ashanti (Gana) e consequentemente prosperou. Ela se tornou o maior mercado de nozes cola, mas não de escravos". Zugu era, portanto, nessa época, um centro comercial dentro dos padrões africanos da época e o idioma Dendi, que parece ser o que Baquaqua falava, contribuiu para espalhar a fé muçulmana nessa região nesses anos. Em relação ao reino ao qual Zugu era tributário, de acordo com *The Edinburgh Gazetter: Or, Geographical Dictionary: containing a description of the various countries, kingdoms, states, cities, towns, mountains etc. of the world,* publicado em Londres em 1827, Borgu era um amplo território no interior da África, com Dar Fur a leste, Beguerme a

---

[2] No texto original, em inglês, é escrito Zoogoo (mas pronuncia-se Zugu). É atualmente a cidade de Djougou (pronuncia-se Djugu).
[3] Nação sujeita a pagar tributos a uma outra nação, soberana sobre a primeira, uma prática comum desde a Antiguidade.
[4] Borgou em francês e inglês.
[5] Decalo e Houngnikgo. *Historical Dictionary of Benin*. Washington: Scarecrow Press, 2012

oeste e Bornu ao norte, do qual era tributário. Borgu "é consideravelmente inferior a Bornu, em termos de população e civilização. Ali nenhum grão é cultivado, exceto sorgo e painço, dos quais é produzida uma bebida alcoólica forte[6]. Natrão e sal-gema são produzidos em quantidades consideráveis e exportados para o Cairo. A nação é cortada por um grande rio, provavelmente Misselad of Browne. A capital é Hara ou Wara". O império de Borgu existiu por cerca de mil anos, até ser dividido pela França e Inglaterra em 1898.

Na África, o jovem Mahommah, que vinha de uma família rica, foi para a escola, onde aprendeu a ler e a escrever um pouco. Foi capturado pela primeira vez nos anos 1840, quando teria sido vendido como escravo se o seu irmão não tivesse pago o resgate. Depois dessa primeira captura, trabalhou para o rei como guarda-costas e mensageiro até ser capturado uma segunda vez, quando foi vendido e revendido como escravo no interior da África até ser transportado e chegar em um importante porto de comercialização de escravos na África, chamado de Whyday, Ajudá, Juda ou Uidá, antigo reino anexado após invasão e controle pelo reino de Daomé (1600-1904) em 1727. Atualmente situada na costa de Benim, Ajudá foi um importante polo de envio de escravos, onde portugueses, ingleses e franceses construíram fortificações para proteger seus interesses no tráfico de escravos. Após os ingleses abandonarem o local, ele ficou sob controle brasileiro entre 1822 e 1844, quando boa parte dos escravos que saía desse porto era enviada ao Nordeste. Nesses anos, reinava em Daomé o rei Ghezo, que tinha chegado ao poder em 1818 através de um *coup d'etat* auxiliado por Francisco Félix de Souza[7], um brasileiro

---

[6] Bebida que Baquaqua teria consumido excessivamente, com a qual teria se embriagado e possibilitado a sua captura e venda como escravo.

[7] De acordo com Edna Bay, De Sousa foi "profundamente influente como intermediário entre culturas europeias e africanas". A família De Souza foi útil na luta pela independência do Togo, Gana, Nigéria e Benin. E de acordo com a família De Souza, Francisco Félix de Souza era neto da oitava geração de Tomé

nascido em Salvador que vivia em Ajudá e que foi considerado o maior comerciante de escravos de todos os tempos. Foi nos últimos anos de vida de Francisco Félix de Souza, que Mahommah foi colocado em um navio negreiro e enviado para o nordeste brasileiro, onde chegou em 1845. No Brasil, trabalhou como escravo durante cerca de dois anos, inicialmente vendendo pães pelas ruas de Olinda e, posteriormente, no Rio de Janeiro, em um navio chamado "Lembrança", um curioso nome para o local de trabalho do autor da única biografia de um escravo no Brasil. Na sua última viagem nessa embarcação, ao transportar café do Rio de Janeiro para os Estados Unidos, Mahommah conseguiu escapar em Nova Iorque em junho de 1847. Posteriormente, foi para o Haiti, onde passou alguns maus momentos e foi convertido ao cristianismo. Voltou aos Estados Unidos em 1849, onde estudou no New York Central College, em McGrawville, entre 1850 e 1853. Depois dos estudos, se mudou para o Canadá, onde viveu em Chatham, Ontario, quando a sua biografia foi publicada nos EUA. Cerca de seis meses depois da publicação em 1854, foi para Liverpool, Inglaterra, em 1855, onde viveu até 1857. Não se sabe o que aconteceu com ele depois disso. Em algumas de suas cartas, escreveu que gostaria de voltar para a África, para pregar o cristianismo, mas não há indícios que essa viagem foi concretizada, pois a missão que enviaria Baquaqua foi cancelada. Em uma outra carta, pede ajuda financeira para comprar terras no Canadá. Enfim, não se sabe se ele viveu os últimos anos de sua vida na Inglaterra, no Canadá ou na África.

    A biografia de Mahommah foi redigida por Samuel Moore com base nos relatos do ex-escravo. Moore recebeu pagamento pelo trabalho, como Baquaqua relata em uma de suas cartas. O livro foi originalmente impresso em 1854 com fundos do próprio

---

de Sousa (1503-1579), nobre Português que foi o primeiro governador-geral da colônia brasileira de 1549-1553.

Mahommah, obtido através de um financiamento, como se lê em uma de suas cartas para Gerrit Smith. Além de relatar os momentos de escravidão no Brasil, a biografia inclui informações sobre a vida, o trabalho e a cultura na África no século XIX.

    O relato dos dois anos vividos por Baquaqua no Brasil como escravo é informativo, mas deve ser considerado apenas um caso dentre vários, já que houve diferentes situações no longo do processo secular de escravidão brasileira. Por exemplo, estudos indicam que houve escravos que conseguiram sua liberdade com poucos anos de trabalho escravo. Isso tinha mais chance de ocorrer em certos tipos de trabalho. O escravo que trabalhava no campo provavelmente seria escravo toda a vida. Um caso notável no Brasil é o de um rei africano, que ficou conhecido como Chico Rei, considerado lendário[8], que foi capturado com alguns membros de sua família e sua tribo e comercializado como escravo indo para Minas Gerais. Após comprar a sua própria liberdade em pouco tempo, comprou, uma a uma, a carta de alforria dos membros de sua família e depois de todos os membros de sua tribo. Escravos que trabalhavam na agricultura e em cidades interioranas tinham menor chance de conseguir a liberdade e boa parte estava destinada à escravidão por toda a vida. Escravos que trabalhavam com serviços onde a produtividade tinha um peso, como os escravos de ganho, mineradores, vendedores de pão, doces, produtos agrícolas, barbeiros, sapateiros, cabelereiros etc. podiam ficar com parte da remuneração de sua produção em alguns casos, como o próprio Baquaqua quando vendia pão. Por essa razão, principalmente graças à mineração, no início do século XIX, havia cerca de 40% de negros livres no Brasil. Quando

---

[8] Apesar de considerada lendária há décadas, uma observação de Dell'Aira publicada em 2009 relacionada a uma gravura de Rugendas reacendeu a discussão sobre a polêmica historicidade de Chico Rei, conforme analisa Tarcísio de Souza Gaspar em sua tese de doutorado, que sustenta a "perspectiva de que o mito de Chico Rei deve ser reavaliado historicamente".

a lei Áurea foi assinada eram 95% livres, liberdade que foi obtida com o trabalho dos negros e por leis como a do ventre-livre. Por outro lado, a mentalidade dos proprietários tinha um peso forte, favorável ou contrário à concessão das cartas de alforria e à liberdade. Em cidades como Juiz de Fora, as cartas de alforria eram raríssimas, próximas de 1%. Em Salvador, a taxa de alforria era de 5% ou 6% da população escrava. Entre 1872 e 1887, na província de São Paulo eram 11% alforriados e na província do Rio de Janeiro eram 7,8%.[9] Na capital, a cidade do Rio de Janeiro, cerca de 36% dos escravos receberam alforria nesses mesmos anos. A autora Mary del Priore afirma que os estados de São Paulo, Rio Grande do Sul e Amazonas não tinham escravos dias antes da assinatura da Lei Áurea. Após a abolição, o destino dos negros também foi diferente, de acordo com a região. Estudos mostram que no estado do Rio de Janeiro, foi proposto a muitos negros a sociedade em fazendas. Em São Paulo, após obter a liberdade, os negros tendiam a ir para a capital. No Nordeste, após a abolição, muitas fazendas continuaram forçosamente com uma escravidão ilegal durante anos.

    A violência aos escravos no sistema nas Américas, outra característica peculiar, não era exclusiva da escravidão, como se pode supor, mas pais batiam muito em filhos e serviçais domésticos remunerados também estavam sujeitos a ela em menor escala em alguns países. Além de violência física, abusos sexuais também estavam presentes nesse e em outros sistemas, como na servidão europeia e na escravidão africana, não apenas na escravidão no Brasil. Mas é um fato que o nível de violência no Brasil foi elevado em umas áreas mais do que outras. Conforme a servidão ia acabando na Europa ao longo dos séculos XVIII e XIX devido à pressão popular e conforme leis de igualdade eram adotadas na Europa inspiradas pela Revolução Francesa,

---

[9] Pires, Maria de Fátima Novaes. Cartas de alforria: para não ter desgosto de ficar em cativeiro. *Revista Brasileira de História*. Vol 26, no 52, São Paulo: dec. 2006.

uma pressão incipiente semelhante se espalhava pelo Brasil ao longo do século XIX para que algo semelhante ocorresse. Porém, a falta de um controle adequado para fazer cumprir as leis contribuía para a existência de abusos no Brasil. Acredito que o trecho seguinte da obra *Narrative of a Visit to Brazil*, publicada em Londres em 1825, escrita por Gilbert F. Mathison aborde essa questão do ponto de vista de um estrangeiro e mostre certa isenção: "a mesma causa que torna outras leis em grande parte inúteis no Brasil, isto é, a corrupção e a má organização do governo, opera obviamente sobre os relacionados ao tratamento da população escrava. Consequentemente, os senhores possuem autoridade ilimitada sobre os seus servos e a condição desses últimos é vaga e indefinida, às vezes melhor, às vezes pior, de acordo com a disposição e o humor particulares dos indivíduos. Nas Ilhas Virgens Britânicas, as leis são regularmente administradas e a influência supervisora de um governo eficiente na Inglaterra, apoiada pela força da opinião pública e do Parlamento, serve como um controle contra o abuso de poder, mas aqui as leis mais sábias são facilmente desrespeitadas e os fracos são deixados inteiramente à mercê dos poderosos".

    Em relação ao texto desta biografia, originalmente publicada em 1854, tentei organizá-lo um pouco melhor do que o texto original, dividindo o último capítulo, longo em comparação com os outros, em vários capítulos, renomeando o título de alguns capítulos, criando apêndices que incluem cartas de Baquaqua, um trecho da biografia de Equiano e incluindo notas de rodapé. Os apêndices A e B estão presentes no texto original, porém em outras posições. Apesar dessas diferenças em termos de estrutura visando facilitar a leitura, o texto desta tradução possui todo o conteúdo original.

    Desde as leis 10.639/03 e 11/645/08, o ensino da história africana passou a ser obrigatório em escolas do ensino fundamental e médio, portanto, esta obra me parece muito útil dentro do contexto atual no Brasil, já que esta é considerada a única biografia sobre um ex-escravo brasileiro. A razão para a quase inexistência de informações escritas por escravos no período da escravidão é que a alfabetização dos escravos no Brasil era estritamente proibida e até mesmo os emancipados não tinham permissão de frequentar aulas. Essa restrição permaneceu em vigor até a abolição da escravatura. Os poucos senhores e padres que decidiam ensinar os escravos a ler e a escrever estavam violando as regras estabelecidas e eram sujeitos a penas rígidas. Existem outros relatos de escravos brasileiros, alguns deles obtidos no século XX, anos após o fim da escravidão, que totalizam centenas de páginas produzidas por cerca de cem escravos ou ex-escravos pouco conhecidos, coletados em defesas da Inquisição, cartas, entrevistas, relatos relacionados a revoltas etc. mas nenhum é tão contemporâneo à escravidão e amplo como este. E é um relato único.

Enquanto que se considera que existe apenas uma biografia de um ex-escravo brasileiro, que é na verdade praticamente uma autobiografia, porque foi relatada pelo próprio, na língua inglesa sobreviveram milhares de biografias e autobiografias de ex-escravos. Entre os exemplos mais conhecidos estão a biografia de Olaudah Equiano (ou Gustavus Vassa), que comprou a própria liberdade após dez anos de escravidão no século XVIII; Frederick Douglass, que fugiu aos vinte anos de idade e escreveu três autobiografias no século XIX; e Booker T. Washington, nascido escravo e libertado aos nove anos de idade, no final da Guerra Civil Americana, que publicou *Up from Slavery* em 1901.[10]

Fabio R. de Araujo, historiador e tradutor

---

[10] A Universidade de North Carolina at Chapel Hill patrocina o site *Documenting the American South*, onde cerca de 300 dessas biografias estão disponíveis online.

Prefácio original e notas do compilador[11]

Ao redigir as páginas seguintes, naturalmente muitas dificuldades foram encontradas, como consequência do inglês imperfeito falado por Mahommah, mas muito cuidado foi tomado para deixar o trabalho legível e o mais claro possível para todos os tipos de leitores. A descrição do povo (seus costumes e modos) do continente africano[12], que é tão pouco conhecido pelo mundo de forma geral, será considerada altamente instrutiva -- os simpatizantes pelos pobres negros africanos e a raça negra, em geral, serão muito beneficiados ao ler o trabalho cuidadosamente do início ao fim; verão em todas as páginas os sofrimentos e torturas horríveis sofridos por essas criaturas de Deus, simplesmente por causa "de uma tonalidade mais escura da pele", apesar de seus corações serem tão macios e flexíveis como os homens mais claros.

O objetivo mais desejado de Mahommah era, há muito tempo, desde a sua conversão ao cristianismo no Haiti, voltar à sua terra natal, para instruir o seu próprio povo sobre o evangelho de Cristo e ser o meio da salvação dele, o que se espera que ele consiga realizar em breve. Enquanto isso, ele se tornou um cidadão do Reino da Inglaterra e, no momento, está vivendo sob as suas leis e influência favoráveis no Canadá, estimulando a população de cor e se empenhando pela abolição da escravidão em todo o mundo, uma causa que deve ocupar os corações e sentimentos de todos os homens e mulheres

---

[11] Pesquisadores como Allan Austin concluíram que o compilador ou redator desta biografia, Samuel Moore, é Samuel Downing Moore. Existe também um Samuel Moore, que foi o tradutor do Manifesto Comunista para a língua inglesa no século XIX, que continua sendo uma tradução importante em inglês. Tudo indica que não eram a mesma pessoa. Baquaqua teria se encontrado com Moore em Michigan, onde teria contratado seus serviços.
[12] Muitas vezes, S. Moore se refere à África como uma nação.

caridosos e benevolentes em todo o mundo. Os próprios escravos, espera-se, serão beneficiados por toda linha escrita favorável à abolição, não importa o quão simples seja o estilo de escrita, já que a causa deles é a causa da humanidade que sofre. Como alguém pode se vangloriar da religião de Jesus Cristo e, por um momento, buscar manter a escravidão por mais um único dia? Não, ela não pode existir, o sistema escravista e as doutrinas de Cristo são totalmente opostos, não importa o que os defensores do sistema possam dizer! Leitores, julguem vocês mesmos e ajam vocês mesmos. Não dependam de dogmas de nenhum homem ou de classe de homens, mas leiam, observem, aprendam e digiram o assunto destas páginas. Comparem o tratamento que essas pobres criaturas recebem sob o jugo da escravidão com o evangelho de Cristo e logo vocês chegarão à conclusão que ele não pode ser comparado com nenhuma parte da Bíblia, que diz "meu jugo é suave e a minha carga é leve"— pois o jugo da escravidão é duro e as cargas não são leves, mas excessivamente pesadas.

Não há palavras suficientes, manuscritas ou impressas, sobre o horrível sistema de escravidão. Para levar essa questão brutal ao término, quanto mais for dito e feito em termos de combate à escravidão, melhor será para todas as classes, melhor para os escravocratas, para que se livrem do "pecado amaldiçoado" e melhor será para os pobres escravos, para livrá-los de seu jugo. E que todos os corações que não são inflexíveis e todos cujos nervos não são de aço melhorem os seus pontos de vista em todos os aspectos possíveis e que o escravo possa em breve tornar-se livre. Abençoados sejam o dia de sua liberdade e as mãos que liberaram os grilhões que causavam seu sangramento nas mãos e nos pés e tomaram o chicote da mão do senhor tirano, que curaram todas as feridas do negro e aplicaram bálsamo em seu corpo se contorcendo. Será que o humano e filantrópico que lutou pela liberdade dos escravos nas terras da Índia Ocidental[13] há alguns anos e que custou ao povo britânico alguns milhões de libras esterlinas consegue esquecer os sentimentos de prazer que esse evento deu a eles? A Sociedade dos Amigos[14] foi a principal responsável desse movimento e as bênçãos e orações dos pobres escravos libertados subiram aos altares do céu nessa grande ocasião. Será que eles conseguem esquecer os sentimentos mais doces que despertaram dentro deles naquela ocasião? Será que conseguem esquecer o dia glorioso que libertou os seus semelhantes? Conseguem esquecer o primeiro de agosto daquele ano agitado? Então, amigos da humanidade, esforcem-se novamente, como fizeram aqueles bons homens naquela ocasião e continuem tentando até que tenham concluído o trabalho que vocês mesmos se prepararam para fazer, como o que foi feito naqueles dias passados.

Esta pequena obra pode ter o seu efeito desejado onde quer que seja lida e, sem dúvida, os sofrimentos do indivíduo em questão (Mahommah) levarão muitos piedosos às lágrimas e muitos ficarão enrubescidos, devido à vergonha pela crueldade praticada sobre ele pelos homens que foram feitos à imagem do seu Criador, quando as bochechas inocentes ficarão muito enrubescidas enquanto esta obra estiver sendo lida.

A parte descritiva deste trabalho será altamente interessante para o leitor em geral, assim como as descrições que vêm da boca de um nativo (africano) que passou por todos os lugares descritos, no interior de um continente como a África. Muitos trabalhos descritivos deste continente[15] saem das gráficas periodicamente, mas nenhum deles apareceu como o atual: trata-se simplesmente de uma compilação ou narração dos eventos que aconteceram na vida do próprio homem que os

---

[13] A expressão Índias Ocidentais se refere às Antilhas e/ou Bahamas. A escravidão foi abolida no Império Britânico em agosto de 1834.
[14] Grupos religiosos protestantes que ficaram conhecidos como Quakers
[15] No texto original, país.

conta, relatados sem nenhum discurso figurado, mas no estilo mais simples possível: todas as frases usadas são "familiares como as palavras que usamos em nossas casas". Dessa forma, esta obra será facilmente compreendida por todos os que a lerem; está escrita de forma tão direta, que pode ser lida sem exigir muita dedicação. Os diferentes costumes e cerimônias são muito interessantes e podem, de acordo com a forma com que são lidos, mostrarem-se também altamente instrutivos. Espera-se, portanto, que a sua publicação seja frutuosa. Mahommah deverá ir para a África como missionário, de acordo com os desejos do seu coração. É intenção dele, se for permitido, voltar ao seu continente de origem, onde publicará uma versão ampliada desta obra, com a adição de assuntos que foram deixados totalmente fora ou reduzidos por falta de espaço, onde conseguirá sucesso entre os indivíduos de sua raça nativa, o povo que vive nesse lugar tropical.

CAPÍTULO 1

Religião da terra de Mahommah

O indivíduo biografado nasceu na cidade de Zugu[16], na África Central[17], cujo rei era tributário do rei de Bergu[18]. Não se sabe a sua idade exata, já que os africanos possuem uma forma diferente de dividir o tempo e contar a idade[19], mas acredita-se que ele tenha cerca de 30 anos, com base nas suas memórias de certos eventos que ocorreram e com base em conhecimento que ele adquiriu posteriormente sobre números. Mas como isso não é tão importante em sua biografia, deixaremos essa questão de idade incerta na obscuridade, mas nem por um momento acreditando que a narração perderá alguma parte do seu interesse devido à falta de precisão da sua idade.

Ele conta que os seus pais eram de nações diferentes. O seu pai era nativo de Bergu (de descendência árabe) e não era muito escuro. A sua mãe era nativa de Kashna[20], com pele muito escura, inteiramente negra. O seu pai era uma pessoa séria e silenciosa; a sua religião era a muçulmana.

Como o interior da África é relativamente pouco conhecido, mesmo uma vaga ideia será muito interessante para os nossos leitores; dessa forma continuaremos com os detalhes contados pelo próprio Mahommah. A forma de adorar o Deus deles é assim:

---

[16] Djougou (pronunciado Djugu, Zoogoo em inglês e aqui como Zugu) é atualmente uma cidade em Benin.
[17] A expressão África Central nesta época se referia à África tropical.
[18] A palavra Bergu no texto é o reino de Borgu, situado no que atualmente é o norte de Benin e noroeste da Nigéria.
[19] Baquaqua nasceu por volta de 1824.
[20] Provavelmente Katsina, situada no norte da Nigéria.

Meu pai (conta Mahommah) se levantava todas as manhãs às 4h da manhã para fazer orações e depois disso voltava para a cama. Ao nascer do sol, ele fazia os seus segundos exercícios de devoção, ao meio-dia fazia suas adorações novamente e mais uma vez ao pôr do sol.

Um grande jejum é feito uma vez por ano, durante um mês. Durante esse mês nada é comido durante o dia, mas depois que algumas cerimônias são realizadas, à noite, é permitido comer. Após comer, a adoração é permitida em suas próprias residências e então são feitas reuniões para adoração pública. O local de adoração era um quintal grande e agradável que pertencia ao meu avô. Meu tio era o sacerdote oficializador. Os mais idosos se posicionavam em fila, o sacerdote ficava na frente, as pessoas mais idosas mais perto dele, assim por diante, enfileiradas com base na idade.

O sacerdote começa as devoções inclinando a sua cabeça para a terra e dizendo as seguintes palavras: "Alá u akbar" com as pessoas respondendo "Alá u akbar", que significa "Deus, ouça a nossa oração, atenda à nossa oração."[21] O sacerdote e as pessoas, em seguida, se ajoelham e pressionam as suas testas contra a terra, com o sacerdote repetindo passagens do Corão e as pessoas respondendo como antes. Depois que essa parte da cerimônia termina, o sacerdote e as pessoas, sentados no chão, contam os seus masbahas[22], com o sacerdote ocasionalmente repetindo passagens do Corão. Em seguida, eles oram pelo rei, pedem que Alá os ajude a conquistar seus inimigos e que ele preserve as pessoas da fome, dos gafanhotos devoradores e que os conceda a chuva na estação certa.

A cada dia, no final das cerimônias, os adoradores do profeta se dirigem aos seus respectivos lares, onde é preparado um jantar com o que há de melhor. Essa mesma adoração é

---

[21] Na verdade, significa "Deus é grande". É também uma forma de saudação usada ainda hoje nas ruas em países muçulmanos equivalente ao Bom dia.
[22] Terço islâmico

repetida diariamente durante 30 dias e se encerra com um imenso encontro. Nessa ocasião, o rei vem até a cidade e uma multidão de todas as partes da nação[23], junto com os cidadãos, se reúnem no local apontado para adoração, chamado Guigerá, um pouco fora da cidade. Esse lugar consagrado à adoração do falso profeta é um dos "primeiros Templos de Deus". Consistia em um local com algumas árvores muito grandes, que formavam uma sombra bela e ampla, com solo arenoso e sem mato, mantido perfeitamente limpo, onde muitos milhares podem sentar confortavelmente sob as árvores. Estando a céu aberto, a aparência dessa assembleia é extremamente imponente, sendo os assentos simplesmente tapetes espalhados pelo solo. Um monte de areia (essa areia difere da areia do deserto, é uma areia vermelha áspera misturada com terra e pequenas pedras e pode facilmente ser transformada em um monte substancial) é feito para o sacerdote chefe ao ficar de pé sobre ele enquanto fala com as pessoas. Nessas ocasiões, ele está vestido com uma túnica preta larga, que chega quase até o chão e é auxiliado por quatro sacerdotes subordinados, que se ajoelham ao seu redor, segurando a parte inferior de sua túnica, tremulando-a para frente e para trás. Ocasionalmente, o sacerdote chefe "se agacha como um sapo" e, quando levanta, eles continuam a operação de tremular a túnica. Quando essas cerimônias são concluídas, as pessoas voltam para as suas residências para oferecer sacrifício, (sarrah) pelos mortos e vivos. Assim termina o jejum anual.

---

[23] Vindos de vilarejos ao redor, tributários a Djougu.

CAPÍTULO 2

Governo e leis na África

Na África, não há leis de governo escritas ou impressas, mesmo assim as pessoas estão sujeitas a certas leis, regras e regulamentos. O governo é investido no rei como líder supremo, seguido pelos chefes ou soberanos menores. Há também outros chefes, cujos títulos e ofício não podem ser explicados muito bem em inglês.

O reino de Zugu, como afirmado anteriormente, é tributário ou subserviente do reino de Bergu. O roubo é considerado o pior crime em algumas partes da África e recebe frequentemente a punição de morte como consequência.[24] Quando alguém é suspeito ou acusado de roubo, ele é levado para o rei, onde uma espécie de julgamento é realizada. Se for considerado culpado, é vendido ou condenado à morte e, quando a sentença de morte é dada, qualquer um pode abusar ou maltratar o culpado, até que ele seja finalmente levado ao cume de um pequeno monte na cidade e apedrejado ou lançado para que morra. O assassinato não é considerado um crime tão grave e um assassino não recebe a pena capital, mas normalmente é vendido como escravo e enviado para fora da nação.

O crime de adultério é punido gravemente, mas a pior punição é infligida sobre o homem. Um caso assim é descrito por Mahommah, que conta: "lembro de um indivíduo que foi seriamente punido por esse crime. O irmão do rei tinha algumas esposas e suspeitaram que uma delas tivesse cometido incontinência o traindo. Ambos os que traíram o irmão do rei foram levados diante do rei – eu estava com ele na época. O rei

---

[24] O costume muçulmano era cortar o braço ou a mão e o tribal era a morte.

me ordenou que eu pegasse uma corda, que a enrolasse ao redor dos braços do homem, passando-a por trás de suas costas a amarrando e, então, um pau foi colocado na corda, que tinha sido molhada para que encolhesse e torcida até que a pobre criatura fosse forçada a confessar a sua culpa, quando foi então liberado e considerado escravo. A mulher não recebeu nenhuma punição além de testemunhar a tortura aplicada sobre o seu amante culpado.

Os fazendeiros possuem as suas terras protegidas desta forma: como as fazendas não são cercadas, o rei faz uma lei que diz que todo homem que possuir um cavalo, burro ou outro animal precisa deixá-lo distante das terras de seus vizinhos. Se qualquer animal invadir as terras de um vizinho e causar um pequeno dano, ele é capturado e amarrado e o proprietário é obrigado a pagar uma multa elevada para recuperar o animal. Esse é o estilo de aprisionamento na África.

As dívidas são, às vezes, cobradas da seguinte maneira: se uma pessoa no vilarejo ou cidade estiver devendo para uma pessoa que vive longe, se recusando ou negligenciando o pagamento dessa dívida, o credor vivendo nessa cidade ou vilarejo distante pode confiscar bens dos vizinhos que viverem na mesma cidade do devedor. Se eles tiverem qualquer dinheiro ou coisa de valor e for dito ao estranho para que cobre o vizinho de sua cidade quando voltar para sua casa, se o vizinho não tiver propriedades, ele pode ser sequestrado e detido até que a dívida seja paga. Essa lei tem muito efeito para manter os cidadãos em suas casas nesta nação, já que o risco nas viagens se torna muito alto e a chance de voltar para uma esposa aficionada ou ansiosa, é muito pequena, em comparação com as nações mais civilizadas. Supondo que o viajante perca a sua propriedade e supondo que seja um homem com posses, não há dúvida que as suas posses seriam reduzidas consideravelmente antes de sua volta o seu doce lar.

Os soldados constituem uma classe privilegiada e

podem confiscar qualquer coisa que precisem na cidade ou vilarejo e não há reparação, não importa a queixa feita contra eles. Se um escravo ficar insatisfeito, ele pode deixar o seu senhor, ir até o rei e pedir para ser seu soldado, conquistando assim a liberdade. Não há nenhuma "lei de escravo fugitivo" relativa a ele. Essas são algumas das principais questões que são levadas diante do rei para decisão, sobre as quais ele dispõe, em conformidade com as leis da nação.

CAPÍTULO 3

Vida e geografia da terra de Mahommah

É bem difícil precisar a posição geográfica desta parte da África, descrita como local de nascimento de Mahommah, mas a sua nação deve estar situada em algum local entre dez e vinte graus na latitude norte e próximo do meridiano de Greenwich, na área peninsular formada pela grande curva do rio Níger.

Até o momento em que Mahommah foi "forçado a abandonar a sua casa e todos os seus prazeres", o pé do homem branco não tinha tocado esse solo, portanto os fatos e assuntos aqui relatados serão mais interessantes para todos cujos corações e almas estão inclinados para as necessidades e para os sofrimentos dessa parte do planeta.

A cidade de Zugu está entre uma região muito fértil e agradável. O clima, apesar de excessivamente quente, é bem saudável. Há montes e montanhas, planícies e vales e fartura de água. Distando cerca de 1,6 km[25] da cidade, há um riacho, com águas tão brancas[26] como leite e muito frescas e, não distante disso, há uma fonte de água bem fria, também muito branca. Frequentemente, os residentes saem da cidade para pegar água ali.

Ela não fica em uma região no meio de muitas árvores, como alguns acreditam, mas ao redor há algumas planícies bem extensas, cobertas com um mato muito alto, que é usado como teto para as casas, como as casas que são cobertas por palha. Nessas planícies, há poucas árvores, mas as que existem são muito altas. E aqui também há elefantes, leões e outros animais selvagens, comuns nessa área. Há dois tipos de elefantes, um

---

[25] Uma milha no texto original
[26] Imagino que tenha desejado dizer claras ou transparentes

muito grande, chamado *Yaquimtacari*[27] e outro pequeno, *Yahquintachana*[28]. Há muitos dentes de elefante espalhados em todas as planícies e eles podem ser coletados em qualquer quantidade. Os nativos usam os dentes para fazer instrumentos musicais, que chamam *Kafa*[29].

A cidade é grande e é rodeada por um muro espesso, construído com barro vermelho e muito liso dos dois lados. O outro lado da parede é circundado por uma vala ou fosso fundo, que na estação das chuvas fica cheia de água. Além disso, a cidade é protegida por uma cerca de espinhos, que crescem de forma tão espessa e compacta que nenhuma pessoa consegue passar por eles. Nascem pequenas flores brancas nela e quando atinge o auge da floração essa planta fica extremamente bonita.

O palácio do rei (se pode ser assim chamado) fica dentro dos muros da cidade, a alguma distância da principal parte da cidade, rodeado por um parque (assim seria chamado em alguns países) extenso. Na parte traseira dele há um matagal denso, que exclui a necessidade de qualquer muro de proteção desse lado do domínio real. Uma avenida extensa vai da cidade até a residência do rei, com um amplo mercado nos dois lados, lindamente sombreado pela folhagem de árvores grandes. As pessoas na América não têm ideia do tamanho e da beleza de

---

[27] *Loxodonta africana*, que vive em savanas. Normalmente tem entre 3 e 4 m de altura.
[28] *Loxodonta cyclotes*, que vive nas florestas. Raramente supera 2,5 m de altura. Previsões indicam que está próximo da extinção. Em 2014, a política Hillary Clinton citou uma previsão afirmando que esta espécie seria extinta em dez anos. Até 2010, esta espécie era considerada a mesma espécie do *L. africana*, uma subespécie dele, mas análises de DNA provaram que os dois elefantes são espécies diferentes. Mahommah poderia estar se referindo também ao elefante pigmeu africano, que tem altura inferior a 2 metros, mas não consegui identificar se existia nessa região.
[29] O olifante era uma trombeta ou corneta de marfim feita com uma presa de elefante que podia medir cerca de 1,5 metro. Na Idade Média foram usados na Europa. Ainda são usados em parte da Escandinávia, Espanha e África.

algumas das árvores na África, especialmente nas cidades, onde ficam separadas umas das outras por uma boa distância, para que tenham melhor chance de atingir o seu tamanho máximo. Há uma árvore chamada *Bonton*[30], que cresce e fica muito alta, mas os galhos não crescem tanto quanto algumas outras; é muito bonita.

Há seis portões de entrada na cidade, cada um dos quais tem o nome de seu respectivo guardião, um pouco parecido com a cidade de Londres e muitas cidades antigas[31] fortificadas na Inglaterra e, de fato, em muitas partes daquele antigo continente. Esses guardiões são escolhidos por sua coragem e bravura e são geralmente pessoas de classe. Talvez, possa ser útil, a fim de instruir ou divertir os nossos leitores, conhecer os nomes deles e, por isso, os daremos em seguida. 1. *Ubumacofa*. 2. *Forocofa*. 3. *Baparahacofa*. 4. *Batulucofa*. 5. *Balamoncofa*. 6. *Ajagocofa*[32]. A palavra *cofa* significa portão e *Ba* significa pai. *Ajaga* é o nome da mulher cujo filho foi reconhecido por seu valor. Em períodos de guerra, esses portões são fortemente protegidos, daí a necessidade de escolher homens de valor e coragem reconhecidos para protegê-los.

As casas são construídas de barro, são baixas e sem chaminés nem janelas. A descrição de uma habitação típica a seguir dará uma ideia bastante precisa das casas da cidade em termos gerais. A moradia é composta de alguns cômodos separados construídos circularmente, com bastante espaço entre eles. Dentro do círculo exterior há outro círculo de cômodos, de acordo com o tamanho da família que os ocupa. Esses cômodos estão todos interligados por uma parede. Há uma entrada grande ou principal na frente das outras, usada para receber

---

[30] Mafumeira ou samaúma, também conhecida como algodoeiro
[31] Medievais seria um termo mais adequado.
[32] Pode haver uma confusão por parte de Moore aqui em relação aos nomes, de acordo com os professores e pesquisadores Robin Law e Paul Lovejoy.

pessoas. Cada família fica dentro da sua própria habitação, para que não possa ver nenhuma outra habitação nem ninguém indo ou vindo quando estiver dentro de seu apartamento. Como consequência dessa forma de construção, a cidade ocupa um espaço muito grande de terra.

Regularmente, há vigilantes escolhidos para a cidade, que são pagos pelo rei, que também é o juiz supremo sobre os vigilantes.

CAPÍTULO 4

Agricultura e arte na África

A agricultura da nação está em um estágio muito rudimentar; os poucos instrumentos utilizados são feitos pelos camponeses e consistem em uma espécie de enxada grande, para cavar o solo e outras enxadas pequenas para plantar e cobrir o milho ou o que for cultivado. O processo de preparação do terreno é muito trabalhoso e tedioso, mas a riqueza do solo compensa de certa forma: um acre bem lavrado produzirá uma imensa colheita. São cultivados milho, batatas doces e *harni*[33], que se assemelha muito ao sorgo vassoura[34] e que é usado como um artigo alimentício. *Harnebi*[35], que é um grão muito fino, cresce em um grande talo e é diferente de tudo neste país; é assado na espiga e o grão é removido com as mãos por fricção e comido como o povo americano come grão tostado, é muito bom. O arroz é cultivado em grande quantidade e tem excelente qualidade. É plantado em fileiras e um plantio servirá por dois ou três anos e ele crescerá sem precisar de atenção. Ele cresce muito bem. O feijão também é cultivado. Os frutos crescem em grande abundância e variedade, espontaneamente. O inhame é cultivado e cresce com grande perfeição. Abacaxis crescem espontaneamente, mas não são comidos, porque os nativos temem que sejam venenosos, mas isso é apenas medo devido à

---

[33] Provavelmente uma espécie de milhete (painço) ou sorgo.
[34] Uma variedade de sorgo semelhante a milho usada para fazer vassouras. Em algumas regiões do Brasil é conhecido como melga. (Sorghum vulgare var. technicum). O sorgo é originário da África Central. O sorgo vassoura era muito cultivado nos Estados Unidos no século XIX. Com ele são feitas as vassouras típicas de Halloween, mais claras que as de piaçava. É ainda muito usado na África e foi introduzido no Brasil em meados do século XX.
[35] Provavelmente milho azul.

falta de conhecimento. Os amendoins são de boa qualidade e há também uma grande variedade de grãos e frutas de outros tipos e, supondo que tivéssemos os meios de cultivo, os mesmos que existem nos países mais civilizados, a África seria capaz de alimentar uma imensa população.

As manufaturas na África são muito restritas, pois consistem de utensílios agrícolas, panos de algodão e seda. A seda é pouco produzida, mas poderia ser mais, já que há bichos de seda em abundância e a produção poderia ser maior. O algodão é de boa qualidade e o algodoeiro cresce e fica muito alto lá.

As mulheres fiam através de um processo muito lento, tendo que torcer o fio com os seus dedos; os homens fazem a trama, entrelaçam o tecido em faixas estreitas e, em seguida, as cosem unindo-as. As mulheres também moem o milho. O processo de moer é assim: elas pegam uma pedra grande e a fixam no solo, em seguida preparam uma pequena, para que possa ser manipulada facilmente. Ela é perfurada de um lado à maneira das nossas pedras de moer. As mulheres colocam o grão ou o que desejam moer sobre a pedra grande e pegam a outra para friccionar o grão até que ele fique fino. Se quiserem afiná-lo muito, pegam outra pedra preparada para o propósito e, através de um trabalho paciente, conseguem deixá-lo tão fino como o mais fino trigo americano. Elas moem inhames ressecados socando-os em um pilão e um tipo fino de grão chamado *harni*, já mencionado, é misturado aos inhames e, dessa mistura, elas fazem um tipo de massa dura e a comem com caldo de carne acompanhado por verduras e uma variedade de vegetais, temperados com pimenta e cebolas. Nenhum tipo de alimento é comido sem cebolas.

Os pastores e vaqueiros na África são uma classe de pessoas distintas e subordinadas e fazem parte do governo. Eles têm cabelo longo e liso[36] e possuem pele mais clara, como os habitantes do sul da Europa, são quase brancos, eles tomam conta dos rebanhos e do gado, fornecem leite, manteiga e queijo para a cidade (a manteiga é muito boa e dura, que é uma evidência dela estar em um clima mais frio neste local do que na maioria das partes da zona equatorial). São muçulmanos e aderem estritamente aos ritos e às cerimônias dessa religião. Eles conversam nas línguas árabe e fulani[37], de forma que se pode deduzir que são descendentes de árabes, mas não sabemos mais do que isso.

Os animais domésticos da África são praticamente os mesmos que existem nos EUA e em outros países, que consistem no cavalo, na vaca, na ovelha, na cabra, no asno, na mula e no avestruz[38]. As aves são abundantes, como perus, gansos, pavões, galinhas de angola e galinhas comuns; essas últimas são muito grandes e em grande abundância. Elas são, juntamente com os seus ovos, usadas como alimento comum para as pessoas nas florestas. Além desses, há abundância de cisnes nos rios e uma variedade de aves selvagens. Há também um tipo de ave aquática que é muito bonita, cuja plumagem é branca como a neve e tem o tamanho aproximado de uma pomba comum e essas aves se reúnem em grandes bandos. Os papagaios são bastante comuns e pássaros cantantes são muito numerosos.

Os rios são abundantes em cavalos de rio[39], crocodilos etc.

---

[36] Há algumas tribos na África onde alguns membros têm cabelos lisos, como os fulânis (este caso), tuaregues etc.
[37] Língua do grupo étnico fula ou fulani, que ainda hoje tem uma parte significativa constituída por pastores que professam a fé muçulmana.
[38] O avestruz é um animal encontrado na África. Foram inseridos no continente americano importados da África nos anos 1880.
[39] Hipopótamo, do grego *hippopotamus*, i. e. cavalo de rio. Abundantes na época, os hipopótamos têm caminhado rapidamente para extinção devido à caça, assim como os elefantes e os rinocerontes.

CAPÍTULO 5

Modos, costumes etc. na África

Os idosos são muito respeitados, nunca se usa o prefixo de senhor ou senhora para fazer referência a eles, mas sempre algum termo gracioso ao falar com uma pessoa idosa, dizendo Pai ou Mãe e dizendo irmão ou irmã para falar com um semelhante. As crianças são educadas para serem obedientes e educadas, nunca têm a permissão de contradizer um idoso ou de se sentar diante dele e, quando veem uma pessoa idosa vindo, elas imediatamente se descobrem [40] e, se estão usando calçados, os tiram imediatamente. Elas se ajoelham diante dos idosos e os idosos, por sua vez, curvam os seus joelhos diante delas e pedem imediatamente que se levantem. Em relação a tudo, há uma deferência prestada aos idosos. O melhor assento é reservado para eles e, nos locais de adoração, o local próximo do sacerdote é reservado para eles. Esses fatos não envergonhariam os modos das crianças em relação aos idosos neste país? Como é doloroso testemunhar o desrespeito visto em relação aos adultos pela geração nova deste país e, em muitos casos, o comportamento vergonhoso de crianças em relação aos seus próprios pais e isso sem nenhuma censura ou repreensão!

É aqui que a grande regeneração moral da nossa terra deve começar. As crianças devem ser ensinadas desde cedo a obedecer e a respeitar os mais velhos e então elas estarão preparadas para conceder direitos iguais a todos, quando se tornarem homens e mulheres e, por sua vez, estarão preparados para comandar bem as suas próprias residências.

---

[40] Como eram muçulmanas, as mulheres provavelmente andavam com o rosto coberto por um véu ou pelo *hijab*.

O leitor perdoará esta digressão, ela foi feita para chamar atenção maior ao assunto, já que é de importância vital para o bem-estar de qualquer comunidade que o jovem seja educado "de forma adequada" para que "não se desvie" quando crescer. E se esse contraste no comportamento das crianças pobres africanas em relação ao das crianças da sua nação instruída puder ser o meio de, pelo menos, um passo na marcha da melhoria e reforma em relação a essa questão, o redator destas páginas se sentirá recompensado pelo pequeno esforço presenteado por estas poucas linhas adicionais. Essa é uma boa ou uma das melhores características da África. Uma outra é a lei da gentileza, que prevalece em todos os lugares na relação mútua das pessoas de mesmo ranque: não importa o que a pessoa tenha, ela divide igualmente com o seu vizinho e ninguém entra em uma casa sem ser convidado para comer.

Mas assim como ocorre nos países mais civilizados, se alguém se eleva à riqueza e à honra, passa a ser invejado ou até odiado; as pessoas não gostam de ver uma delas se elevar acima delas próprias. Uma pessoa que sempre foi rica é mais estimada. Isso parece ocorrer em todo o mundo: não importa o lugar, algo parecido ocorre em casos desse tipo. Vemos a mesma coisa ocorrer entre nós todos os dias de nossas vidas aqui mesmo entre nós, de forma que não parece que estamos muito longe do africano escuro, com toda a nossa sabedoria e aprendizagem, com todas as nossas instituições que se vangloriam. Na verdade, o mundo inteiro é um composto estranho de "pretos, brancos e cinzas e os caminhos de toda a humanidade são tortuosos".

Lutar é uma ocorrência muito comum e, de jeito nenhum, é considerado algo lamentável. Há um lugar na cidade onde os homens jovens se reúnem para esse propósito e, assim como em todos os lugares, há dois grupos de pessoas que nunca estão de acordo. Cada grupo ocupa locais diferentes da cidade e as pessoas se reúnem para combate pessoal, que frequentemente termina em uma luta generalizada, mas nunca se matam.

CAPÍTULO 6

Casamento, superstições, comércio, escravidão etc. na África

Quando um jovem quer casar, escolhe um fruto chamado *ganran*[41] e o envia, através de sua irmã ou uma mulher amiga, para a mulher escolhida. Se o fruto for aceito, entende que ele será recebido favoravelmente e fica em casa por cerca de uma semana antes de visitá-la outra vez. Após algum tempo dedicado a visitas e recebimento de visitas, são feitas preparações para a cerimônia do casamento. Eles não marcam um dia em particular nem o casamento na casa do pai da noiva, mas ela fica sem saber a hora. As preparações são feitas pelo noivo e por seus pais. Na hora combinada, o noivo envia alguns jovens para a casa do pai dela à noite, eles permanecem fora em silêncio total e enviam uma criança para dizer a ela que alguém deseja falar com ela. Ela vai até a porta e é imediatamente rodeada e carregada pelos jovens para um lugar chamado *Nyawaquafoo*, onde é mantida por seis dias. Durante esse tempo ela fica velada e ficam com ela algumas amigas, que passam o tempo brincando e se divertindo. Enquanto isso, o noivo se confina em casa e é acompanhado por seus amigos jovens, que também passam o tempo festejando e em alegria até o sétimo dia.

Enquanto estão confinados, um convite geral é feito aos amigos das duas partes. O convite é feito desta forma: será dito *Myachee* e *Ahdeezainquahoonooyohawcoonah*, que significa que o noivo e a noiva estão saindo hoje. Todos eles se encontram em algum lugar conveniente escolhido para o propósito. Os amigos

---

[41] Noz de cola. Fruta africana que no Ocidente no início do século XX era usada para fazer refrigerantes do segmento "cola", como Coca Cola e Pepsi Cola, que tem elevado teor de cafeína, mas foi substituída por aromatizantes.

do noivo o conduzem até lá e as amigas da noiva a conduzem também; ambos, noivo e noiva, têm as suas cabeças cobertas com tecidos brancos. Uma esteira é preparada para que eles sentem sobre ela os amigos se aproximam e saúdam o noivo, dando a ele, ao mesmo tempo, algum dinheiro. O dinheiro[42] é colocado diante dos dois que, então, são considerados esposos. O dinheiro é, também, espalhado para o chefe dos atabaques e seus companheiros e também para que as crianças do grupo o peguem. Depois disso, os noivos são levados para a casa do noivo. As cerimônias são então concluídas. Deve ser dito que a aceitação do pai da noiva é obtida por presentes.

A poligamia é amplamente praticada e é sancionada por lei. Às vezes, os bens de um homem são avaliados pelo número de mulheres que ele tem. Ocasionalmente um homem pobre tem algumas mulheres, mas nesse caso elas devem sustentá-lo. Quando uma mulher rica casa com um homem pobre (como ocorre às vezes) ele nunca tem mais do que uma esposa. A mãe de Mahommah era uma mulher de classe e rica. O pai dele tinha sido um homem rico; era um mercador viajante; transportava as suas mercadorias em um burro e tinha escravos para acompanhá-lo, mas por alguma razão perdeu a maior parte de sua propriedade e no momento do casamento estava relativamente pobre. Consequentemente teve apenas uma esposa. Essa é outra razão por que se supõe que ele era árabe, já que muitos árabes viajam dessa forma para adquirir bens.

As mulheres na África são consideradas muito inferiores aos homens e, consequentemente, estão sujeitas a condições altamente degradantes. A condição das mulheres é muito parecida com a das mulheres em todas as nações bárbaras. Elas nunca comem na mesma mesa que os homens ou diante deles, (elas não possuem mesas) mas comem em cômodos separados.

---

[42] Baquaqua não explica o que era o dinheiro local. Era provavelmente cauri, um tipo de concha usada como dinheiro em alguns locais na África.

Quando uma pessoa morre, eles envolvem o cadáver em um tecido branco e o sepultam assim que possível. Depois que o corpo é estendido e voltado para o leste, o sacerdote é enviado e é realizada uma cerimônia religiosa, que consiste em orações para Alá pela alma do falecido.

A maneira de sepultar é cavar um buraco no chão, com pouco mais de um metro de profundidade[43] com 3 a 4 metros[44] horizontalmente, onde depositam o cadáver e cobrem a entrada com uma grande pedra plana. Outras cerimônias também são realizadas pelo sacerdote sobre o túmulo.

Muitos lamentos são feitos pelos mortos, através de choros e gritos amargos e altos, que continuam por 6 dias. Os amigos do falecido ficam em silêncio durante esse período de tempo, fazendo reuniões para orar todas as noites. No sétimo dia, uma grande festa é realizada e o tempo de lamentos termina, é quando a família reaparece normalmente.

Os africanos são um povo supersticioso e acreditam em feitiçaria e outras ações sobrenaturais. Corpos de luz, algo como o *ignis fatuus*, ou fogo-fátuo, são frequentemente vistos sobre os montes e locais elevados, que se movimentam esporadicamente. Esses fenômenos são considerados espíritos malignos[45]. Eles têm uma aparência estranha vistos de longe e podem ser considerados algo muito diferente por pessoas menos ignorantes do que os africanos. São muito maiores em aparência do que *Jack-o'-Lanthorn* da Europa e parecem a continuação dos braços estendidos de um ser humano.

Quando acreditam que uma pessoa está enfeitiçada,

---

[43] Alguns pés, no original.
[44] Dez a doze pés, no original.
[45] No Brasil, há o termo tupi-guarani Boitatá, que significa cobra de fogo, pessoa de fogo ou coisa de fogo. Em 1560 o Padre José de Anchieta registrou o medo dos indígenas brasileiros: "são chamados baetatá, que quer dizer coisa de fogo... acomete rapidamente os índios e mata-os, como os curupiras, o que seja isto, ainda não se sabe com certeza".

consultam o astrólogo, que consulta as estrelas e, através delas, descobrem uma suposta bruxa por trás do feitiço, que geralmente é uma mulher bem velha e pobre, que eles pegam e condenam à morte. Essa prática parece muito com a praticada anteriormente nos estados do leste, em grande parte da velha Inglaterra e ao longo de toda a Europa "nos tempos passados". De fato, em muitas partes da velha Inglaterra, em vilarejos e pequenas cidades isoladas, a mesma coisa é feita ainda hoje. Obviamente, tudo isso possui a sua origem na maior ignorância, consequentemente há a necessidade de educar as massas em todas as partes do mundo.

Há uma classe de pessoas chamada de homens da medicina que as pessoas acreditam que nada pode atingir. Esses homens possuem o ofício de enviar à morte essas supostas bruxas. Eles são chamados *Umbás* e estão espalhados pela nação, caminham nus, comem carne de porco e são considerados pelos muçulmanos como pessoas más.

É um costume dos muçulmanos usar um tipo de calça frouxa, que são inteiras no fundilho e são amarradas nos quadris com um cordão. Uma túnica larga é usada sobre essa roupa, cortada de forma circular, aberta no centro, grande o suficiente para colocar sobre a cabeça e ficar repousando sobre os ombros, com as mangas frouxas, o pescoço e peito expostos. As mulheres usam um tecido que mede cerca de 2 metros quadrados, dobrado no canto e preso na cintura, o laço é feito no lado esquerdo. As roupas do rei são feitas em um estilo semelhante, mas com materiais mais caros. As crianças não usam muitas roupas.

As transações comerciais efetuadas entre Zugu e outras partes do continente são feitas através de cavalos e burros. O sal é transportado de um lugar chamado *Saba*[46]. Eles trocam escravos, vacas e marfim por sal. Normalmente, essa viagem leva

---

[46] Talvez Sabari, na atual Gana.

cerca de dois meses. Ocasionalmente, bens europeus são trazidos de Ashanti[47], mas são muito caros. A maioria dos artigos utilizados são feitos de forma caseira. Utensílios de barro são utilizados, eles têm um barro bom vermelho e branco, mas os artigos feitos são muito rudimentares, já que conhecem pouco desse tipo de fabricação, assim como de qualquer outro.

    Eles têm noções estranhas sobre o homem branco. Suas noções sobre eles são muito vagas e ilusórias. Acreditam que eles vivem no oceano e que, quando o sol se põe, eles aquecem a água, de forma que as pessoas brancas cozinham seus alimentos com ela. Eles consideram as pessoas brancas superiores a eles em todos os aspectos e temem fazer agulhas, já que acreditam que os homens brancos podem olhar através delas e ver tudo o que está acontecendo e acreditam que o homem branco está muito zangado com eles por fazerem agulhas. Eles temem muito quando estão ocupados fazendo agulhas e não querem ser vistos por um homem branco nesse momento, se possível, em todo o mundo. Quando estão ocupados na confecção da agulha, naturalmente imaginam que estão sendo observados. Obviamente, isso deriva da crença de que estão envolvidos em uma ação incorreta. O mesmo ocorre com toda a raça humana, quando um suposto erro está sendo perpetrado, o medo toma posse da mente. Mas isso é natural em toda a humanidade. Acreditam, por fazer agulhas, que os brancos têm o poder de colocar para fora seus olhos. Por causa dessas noções prevalecentes, as agulhas não são feitas amplamente, não obstante alguns ainda sejam corajosos e ousados o suficiente para fazê-las. Não podemos explicar bem de onde vieram essas crenças, mas o instrumento que tudo vê é sem dúvida nosso telescópio, que em algum momento ou outro foi exibido provavelmente por marinheiros que viajaram para algumas partes da África e assim a história circulou através de

---

[47] Asante

viajantes pelas tribos africanas.

Guerras são muito frequentes na África, já que o continente está dividido em muitas nações ou reinos pequenos. Os reis se desentendem continuamente e isso leva a guerras.

Quando um rei morre, não há um sucessor natural e surgem muitos rivais pelo reino. Aquele que consegue atingir o seu objetivo através do poder e da força se torna o rei sucessor, assim a guerra resolve a questão.

A escravidão também é outra razão para guerras, pois os prisioneiros são vendidos como escravos. As armas utilizadas são arcos e flechas, espingardas e uma espécie de faca ou espada curta, de fabricação caseira. Essa faca ou espada é usada em tempos de paz como arma de porte, bem como em tempo de guerra. Os africanos nunca estão desarmados. Às vezes, grandes números são mortos nas guerras, mas nunca como nos países europeus e em outros. Os prisioneiros são tratados muito cruelmente; são chicoteados e abusados de outras formas, até que uma oportunidade surge para que sejam descartados como escravos. Eles bebem consideravelmente antes de ir para a batalha, para sentirem-se mais fortes e ficarem mais corajosos e ousados (É claro que isso não diz respeito aos que professam o maometismo, já que esses não usam bebidas alcoólicas em nenhuma ocasião). Às vezes, cidades inteiras são destruídas e o campo ao redor é destruído, o que traz a fome.

Infelizmente, muitas vezes, essas são as consequências da guerra, onde quer que ela seja praticada, não apenas na África, mas em todas as partes onde há batalhas sangrentas. Quando o Evangelho, com suas belas verdades, for totalmente compreendido e apreciado pelas pessoas em geral, a paz e a boa vontade reinarão supremas e "guerras e rumores de guerras" nunca mais existirão.

Como é estranho ver nações que se gabam de serem instruídas e do poder do glorioso Evangelho de Cristo para governá-los se engajando arduamente em cenas de carnificina e destruição. Como nações cristãs tão empenhadas podem pensar em ser bem-sucedidas na missão delas de converter os pagãos, quando as práticas delas em casa são tão diferentes das verdades abençoadas estabelecidas no livro sagrado? Que o espírito cristão e o espírito de guerra se oponham eternamente e não está longe o dia quando o deserto florescerá como a rosa florida, para a guarnição da paz e da santidade. Os cristãos e os que professam as doutrinas do Evangelho devem fazer tudo o que puderem em seu poder para banir a guerra. Então, o "jugo será suave e o fardo leve" e o trabalho da conversão avançará rapidamente.

No que diz respeito à escravidão na África, a maior fonte de miséria para a África é o seu sistema de escravidão, que é realizado de forma ampla, mas a escravidão doméstica na África não é nada se comparada a esta. O comércio de escravos é muito horrível. Os escravos são tirados do interior e transportados para o litoral, onde são trocados por rum e tabaco e outras mercadorias. Este sistema de escravidão causa muito derramamento de sangue e consequente miséria. Mahommah foi aprisionado e vendido uma vez, mas foi resgatado por sua mãe[48]. Você saberá mais sobre isso adiante[49].

---

[48] Moore se confundiu nesta passagem. Na verdade, Mahommah foi resgatado por seu irmão.
[49] No próximo capítulo, Baquaqua conta que a sua mãe resgatou o seu irmão e que o seu irmão o resgatou.

CAPÍTULO 7

A vida de Mahommah na África

Agora iremos para a parte mais importante do trabalho, descrevendo o início da história, vida, provações, sofrimentos e conversão de Mahommah ao Cristianismo; a sua chegada na América; a sua viagem para o Haiti e sua estada neste país e o seu retorno a este país (EUA); seus pontos de vista, propósitos e objetivos.[50]

Os pais dele, como foi afirmado antes, eram de tribos ou nações diferentes. O pai dele era da religião maometana, mas a sua mãe não tinha nenhuma religião. Ele afirma: "a minha mãe era tão boa quanto muitos cristãos daqui, que gostam de ser chamados de cristãos, mas não gostam muito de adorar a Deus. Ela gostava muito do maometismo, mas não ligava muito para a parte do culto". Os maometanos são muito mais adoradores do que os cristãos. Aparentemente adoram com mais zelo e devoção.

A família consistia em dois filhos e três filhas, além de gêmeos que morreram na infância. Os africanos são muito supersticiosos em relação a gêmeos, eles acreditam que todos os gêmeos são mais sábios do que as outras crianças e o mesmo ocorre com relação à criança nascida imediatamente depois dos gêmeos. Consideram que os gêmeos sabem quase tudo e por isso são altamente estimados. Se os gêmeos sobrevivem, uma imagem para cada um deles é feita de uma madeira especial e os gêmeos são ensinados a alimentá-las ou oferecer comida a elas sempre que tiverem alguma. Se morrem, fazem uma imagem deles para o irmão próximo dos gêmeos e é dever dele

---

[50] Este parágrafo é o início do capítulo 7 em inglês, que aqui foi desmembrado. Portanto, esses assuntos serão vistos ao longo deste e dos próximos capítulos, não apenas neste capítulo.

alimentá-las ou oferecer comida a elas. Mahommah foi o irmão seguinte nascido depois de gêmeos e realizou esses pequenos deveres fielmente. Acredita-se que as imagens os protegem de danos e os poupam em guerra. Por isso, ele era altamente estimado por conta de seu nascimento; acreditavam que ele nunca dizia nada de errado e todos os seus pedidos eram atendidos no mesmo instante. Sem dúvida, essa foi a razão que sua mãe o amava tão carinhosamente e foi a causa de sua imprudência juvenil. Nunca o impediam ou o supervisionavam, sua mãe era a única pessoa que ousou controlá-lo; seu amor por sua mãe era muito grande. O seu tio era um homem muito rico, era ferreiro do rei e queria que Mahommah aprendesse esse ofício, mas seu pai o enviou para a mesquita, com a intenção de transformá-lo em um dos fiéis seguidores do profeta. Por isso, ele foi enviado para a escola, mas por não ter gostado muito da escola, foi viver com seu tio e aprendeu a arte de fazer agulhas, facas e todos esses tipos de coisas. Depois, o pai dele o reenviou para a escola, mas ele logo fugiu, pois não gostava da restrição que seu irmão (o professor) impunha. O irmão dele era um maometano ferrenho e conhecia bem o árabe.

Mahommah não progrediu muito bem no aprendizado, tendo um medo natural dele. A maneira de ensinar é bem diferente do ensino em outros países, os africanos não têm livros nem papéis, mas um quadro chamado *Wal-la*, onde é escrita cada lição que o aluno deve aprender a ler e a escrever antes que uma outra seja passada. Quando essa lição é aprendida, o quadro é limpo e uma nova lição é escrita.

Os alunos não têm permissão para se ausentarem sem licença especial do professor. Se um aluno mata aulas, há punição. Não há cobrança financeira enquanto a educação não é concluída. A verificação escolar é feita da seguinte maneira: uma grande casa para reunião, geralmente uma mesquita, é escolhida, onde os alunos se reúnem com os professores e devem ler vinte capítulos do Corão. Se o aluno ler todos os vinte capítulos, sem pular uma única palavra, a sua educação é considerada concluída e a cobrança pela instrução é imediatamente paga.

    O tio de Mahommah tinha propriedade em Salgar[51], onde comprava ouro, prata, bronze e ferro para os fins da própria empresa. O ouro e a prata eram usados em pulseiras, nos braços, em brincos e anéis. Os africanos gostam muito desses tipos de ornamentos.

    As agulhas na África são feitas à mão, mas o processo é muito tedioso. Em primeiro lugar, o ferro é endurecido ou convertido em algo como aço, que é depois transformado em um fio fino, por um processo de martelagem, e cortado em comprimentos adequados, conforme necessário, quando é novamente batido e afiado mediante uma operação e, finalmente, polido, por esfregamento em uma pedra lisa com a mão. A partir dessa descrição da produção de agulha, pode ser visto claramente como ela é trabalhosa, por falta de ferramentas e máquinas melhores.

    O fole africano merece alguma atenção. Diz-se que a "necessidade é a mãe da invenção". Quem quer que duvide disso, que leia abaixo atentamente e, se negar essa afirmação, dirá que a invenção do fole africano certamente teve um "pai".

    O fole é composto por uma pele de cabra tirada integralmente, um pedaço de pau passa por ela desde o pescoço até as pernas traseiras, onde ele é amarrado, através de um artifício engenhoso. As pernas são movidas para cima e baixo manualmente e um velho cano de espingarda é usado como tubo.

    Enquanto o tio dele estava em Salgar a negócios, faleceu e deixou a sua propriedade para a mãe de Mahommah. Então, ele trabalhou um curto tempo ali com outro parente.

    É um trabalho duro fabricar ferramentas e peças para

---

[51] Salaga, em Gana.

agricultura. As máquinas são muito necessárias na África e a ausência delas é um grande atraso para os fabricantes do continente. O ferro é de primeira qualidade, muito superior ao ferro americano. O ferro, o cobre e o latão são contorcidos formando anéis, que são usados como ornamentos nos tornozelos e nos braços.

Há centenas e milhares de homens no mundo que se alegram em fazer o bem e que estão buscando meios de empregar seu tempo e seus talentos. Para pessoas assim que folheiam as páginas deste trabalho, não deixe passar esta dica. Um amplo campo de utilidade se apresenta nessa parte tão negligenciada do mundo, onde há homens que precisam apenas de ensino para se tornar bons cidadãos, bons mecânicos, bons agricultores, bons homens e bons cristãos. Sem dúvida Deus abençoaria as obras e elogiaria os atos de quem dirigisse os seus esforços para essa nação, se milhões ainda por nascer fossem chamados de bem-aventurados. Ide vós, pois, filantropos e homens e mulheres cristãos, até essas pessoas ignorantes, para oferecer-lhes a mão de assistência e educá-los no padrão de seus semelhantes e dar tudo o que puderem em seus esforços para utilidade e bondade. Nunca deem bola aos escárnios e carrancas de um mundo frio e insensível, deixem que suas obras sejam de tal natureza que todos os homens bons falem bem de vocês e a aprovação de suas próprias consciências concordará.

A África é rica em todos os aspectos (exceto em conhecimento). É necessário o conhecimento do homem branco, mas não os seus vícios. A religião do homem branco é necessária, porém ainda mais, o espírito da verdadeira religião, como a Bíblia ensina: "o amor a Deus e o amor ao homem". Quem vai para a África? Quem levará a Bíblia para lá? E quem ensinará as artes e as ciências aos pobres africanos incivilizados? Quem fará tudo isso? Que a resposta seja rápida, seja plena de vida e energia! Que a ordem do Salvador seja obedecida. "Andai por todo o mundo e pregai o evangelho". Salvem todos os que estão perecendo por falta de conhecimento; conhecimento que você tem o poder de transmitir. Não hesite, pois esta é a hora, o tempo é agora: "a noite se aproxima, quando ninguém pode trabalhar" e o dia (nosso dia) está acabando rapidamente. Oh, amigos cristãos, levante-se e ajam!

O irmão de Mahommah era uma espécie de vidente, que era consultado pelo rei, quando o rei estava prestes a ir para guerra, para saber se ele sairia vitorioso ou não da guerra;[52] isso era feito através de sinais e figuras feitos na areia[53] e tudo o que ele previa, era plenamente acreditado como o futuro que iria acontecer, de forma que pela sua força misteriosa, ele poderia fazer com que o rei fosse ou não à guerra.

Certa vez, ele foi para Bergu, que está a alguma distância a leste de nós, onde permaneceu por dois anos. Uma grande guerra ocorria nessa época e ele foi feito prisioneiro, mas foi libertado por sua mãe, que pagou um resgate, e voltou para

---

[52]Na antiga Grécia e Roma, e entre os povos considerados bárbaros na antiguidade, sacrifícios e consultas com videntes ou sacerdotes eram obrigatórias antes de batalhas e guerras para consultar os deuses e assim saber se favoreceriam a vitória ou não. A arte divinatória de interpretação das vísceras de animais era comum na antiga Grécia e em Roma, assim como a consulta aos oráculos, que estavam espalhados pela Grécia, Egito e outros povos antigos. O cristianismo aboliu esse costume secular, mas como podemos ver, a prática de consulta aos deuses para decidir se uma guerra iniciava ou não no mundo permaneceu por mais de 2000 anos. As consultas divinatórias eram feitas para questionar quaisquer assuntos que os reis das nações africanas considerassem importantes. Reis africanos consultaram os deuses através de seus especialistas e, com base na resposta, a escravidão africana continuou porque "os deuses" queriam. Essa sustentação religiosa através da resposta dos deuses foi provavelmente fundamental para a manutenção da escravidão africana por séculos, além do interesse financeiro. Até que ponto a religião era usada para atender aos interesses financeiros do rei é difícil saber.

[53] Uma das formas de geomancia, arte divinatória supostamente criada pelos árabes extremamente popular na África e na Europa na Idade Média.

casa. Depois, ele foi para Daboya[54], que estava distante a sudoeste de Zugu, depois de um rio muito grande. Naquele lugar havia muitos tipos de artigos de fabricação europeia, como garrafas de vidro, óculos, pentes, tecidos coloridos etc., mas as construções eram, em sua maioria, como as de Zugu[55], porém a cidade não era rodeada por muros, como essa. Ali o rei estava também em guerra e convidou o meu irmão. A causa dessa guerra era a sucessão de um rei que tinha morrido e tinha surgido uma disputa (como é muito comum) entre dois irmãos, dos quais um deveria ser o rei. O seguinte meio foi adotado para decidir quem deveria ser o rei: quem conseguisse reunir o maior exército seria o sucessor. O candidato sem êxito se colocou sob a proteção de um rei vizinho até que conseguisse reunir forças suficientes para permitir que vencesse uma guerra e assim arrancasse o reino de seu irmão.

Após o irmão de Mahommah passar algum tempo com o rei, Mahommah foi naquele local, com muitos outros, para levar grãos, já que ele tinha se tornado escasso por causa da guerra. Foi uma jornada de cerca de 17 dias, a partir de Zugu, a pé, com os sacos de grãos sobre as cabeças; um modo muito entediante e desagradável de viajar e transportar mercadorias, considerando as facilidades para esses propósitos que existem na América e na Europa.

Eles chegaram em segurança em um sábado e ficaram sabendo que haveria guerra naquele dia, mas ela só reiniciou no dia seguinte. O rei foi aconselhado por seu conselheiro a ir se reunir com o inimigo na floresta, mas não fez isso. Então, ele foi para a casa do rei e, após o café da manhã na manhã seguinte, as armas começaram a disparar e a guerra ficou bem séria. Armas eram usadas por eles nesta ocasião, muito mais do que arcos e flechas. A guerra ficou muito arriscada para o rei, quando ele e o

---

[54] Vilarejo em Gana.
[55] Com base nessa informação, podemos deduzir que a nação de Mahommah e muitos outros locais africanos não tinham esses artigos na época.

seu conselheiro fugiram para se salvar.

    Meus companheiros (diz Mahommah) e eu corremos para o rio, mas não conseguimos atravessá-lo; então nos escondemos no mato alto, mas o inimigo veio, nos encontrou e nos fez todos prisioneiros. Eu fui preso muito firmemente; eles colocaram uma corda ao redor do meu pescoço e me levaram com eles. Nós viajamos por uma floresta e chegamos a um lugar que nunca esquecerei, cheio de mosquitos! Mas eram realmente mosquitos, não como suas moscas, seus mosquitinhos e insetos pequenos parecidos, que as pessoas chamam de mosquitos na América do Norte, mas grandes insetos famintos, com ferroadas e picadas suficientes para drenar cada gota de sangue fora do corpo de um homem de uma vez. Eles vinham zunindo sobre os nossos ouvidos e a picada que davam era cheia de vingança irada. Nunca gostaria de estar nesse lugar novamente, nem em qualquer outro assim, foi realmente horrível.

    Enquanto viajávamos pela floresta, encontramos o meu irmão, mas não falamos um com o outro e fingimos que não nos conhecíamos. Então ele foi em outra direção sem levantar qualquer suspeita e depois foi a um lugar e conseguiu uma pessoa para me comprar. Se eles soubessem quem eu era, teriam pedido um grande valor pelo meu resgate, mas apenas uma pequena soma foi necessária para a minha libertação. Eu devo mencionar que a cidade foi destruída, as mulheres e as crianças foram mandadas embora. Quando as guerras vêm de repente, as mulheres e as crianças não têm meios para escapar, mas são feitas prisioneiras e vendidas como escravas.[56]

    Após a minha compra e minha libertação, meu irmão me

---

[56] O típico costume africano era de escravizar as mulheres e crianças das nações perdedoras em uma guerra. Se houvesse tempo, as mulheres e crianças eram mandadas embora para não serem escravizadas diante de uma derrota iminente. No caso dos homens, eram normalmente decapitados ou escravizados pelos vencedores, trocados com as nações vizinhas (por gado etc.) ou com ingleses ou portugueses por fumo, bebida, armas etc.

enviou para casa novamente com alguns amigos e, no meu retorno para casa, visitei o nosso rei. Ele era parente da minha mãe. Depois de alguns dias, enquanto estava em casa, o rei enviou um emissário pelo qual disse que queria que eu fosse viver com ele. Assim, dessa forma, permaneci na casa do rei e ele me nomeou *Chiricu*[57], que é uma espécie de guarda-costas do rei. Eu era o terceiro depois do rei. Magazi e Waru eram os dois acima de mim, perto do próprio rei. Magazi era um idoso e Waru, um jovem. Eu permanecia com o rei dia e noite, comia e bebia com ele e era o mensageiro dele dentro e fora da cidade.

O rei não vivia na cidade, mas a alguns quilômetros. (Os africanos têm uma forma curiosa de medir distâncias, eles carregam a carga sobre suas cabeças até cansarem, momento que é chamado *Lochafau*, e inglês, significa uma milha!) O rei (continua Mahommah) não escondia nada de mim, mas às vezes, quando tinha assuntos muito importantes para lidar, consultava Magazi, o mais experiente.

Os reis são chamados de *Massasaba* e governam alguns lugares e, como os antigos faraós, todos (os reis) são chamados *Massasaba*. Quando o rei de uma cidade morre, os *Massasabas* são chamados para decidir quem o sucederá. Se houver guerra, o vitorioso será o sucessor. A residência do rei geralmente se situa em um matagal denso, construída de acordo com as residências da nação, mas decorada exteriormente com mármore. Há dois tipos de mármore lá, um é bem branco e o outro é vermelho; esses mármores são esmagados para formar um pó fino e apesar de a argamassa que é usada na construção das casas ser macia, pedaços de mármore são usados e pressionados nela, para criar qualquer figura ou forma fantástica que imaginarem, o que torna a parede mais forte e dá à construção, quando acabada, uma aparência bonita e ornamental.

O pilão usado pelas mulheres para moer inhame e *harni*

---

[57] Um mensageiro e servo real, *tiriku*

para os transformarem em farinha, mencionado anteriormente neste trabalho, merece atenção semelhante, pois é muito interessante. Alguns homens entram na floresta e escolhem uma árvore muito grande de um tipo particular, que é utilizada para o propósito, a derrubam e cortam uma tora com cerca de 1,20 m de comprimento; ela então tem o interior removido ficando oca e bem lisa e, quando tudo está pronto, o rei convida um grande número de homens, que a fazem rolar empurrando-a com as mãos até sua casa e a colocam onde ela é designada para ficar. Geralmente, esse pilão tem uma circunferência tão grande que dez ou quinze pessoas podem ficar ao redor dele para trabalhar ao mesmo tempo.

Massasaba era um homem generoso e tendia à hospitalidade – consequentemente tinha muita companhia. As pessoas adoram festejar na África, assim como em qualquer outra parte do mundo e, quando os reis dão festas, é oferecido tudo o que há na nação. Isso os torna muito populares com as pessoas.

Mahommah não sabe afirmar com exatidão quanto tempo ele viveu com o rei, mas foi um período de tempo considerável e, enquanto esteve lá, se tornou uma pessoa má. Mas, naquela época, (diz ele) "eu sabia pouco o que era maldade". As práticas dos soldados e guardas, agora eu sei, eram muito más, já que eles tinham poder e autoridade total concedidos pelo rei para cometer todos os tipos de depredações que quisessem sobre as pessoas, sem medo de desaprovação nem punição. Sempre que se curvavam à maldade ou se decidiam que queriam algo, se lançavam sobre as pessoas e tiravam delas tudo o que queriam, já que a resistência estava fora de questão e era inútil, pois o decreto do rei era bem conhecido por todos na nação. Esses privilégios eram dados aos soldados em lugar da remuneração, então saqueávamos como meio de vida.

Se o rei precisasse de vinho de palmeira para uma

festa ou outra ocasião, eu era enviado: e levava alguns de seus escravos comigo e, sabendo por qual estrada os camponeses carregados com vinho viriam para a cidade, eu e os escravos nos escondíamos no mato alto, enquanto um de nós subia em uma árvore alta e ficava olhando, para ver se alguém estava vindo. Assim que ele via uma mulher com uma cabaça sobre a cabeça, (somente as mulheres carregam vinho para o mercado) ele nos informava e nós a rodeávamos instantaneamente e pegávamos o vinho. Se o vinho fosse bom, o tomávamos dela; se fosse ruim, devolvíamos, já que o rei nunca bebia vinho ruim, mas com cuidado, para que ela não contasse para ninguém que os guardas tinham feito uma emboscada, caso contrário a nossa emboscada não mais funcionaria e o rei ficaria sem o seu vinho. Dessa forma, sempre que o rei precisa, confisca-se uma parte de todos os que levam vinho para a cidade. Se uma mulher não estiver carregando vinho suficiente para o uso do rei, o vinho é retirado de outros da mesma forma até seja obtido vinho suficiente; outros artigos também são confiscados sempre que o rei precisa.

Diante da casa ou do palácio do rei, havia um pátio muito grande, sombreado com árvores grandiosas. Em um lado desse pátio havia três ou quatro árvores, sob as quais um trono deselegante foi construído com terra empilhada e coberta com argamassa, indo de árvore a árvore, com mais de um metro[58] de altura, ao qual se ascendia através de degraus feitos com o mesmo material. No trono, havia um assento, almofadado e coberto com couro vermelho, feito de pele de *basé*[59], que era usado apenas para esse propósito. Nos dois lados, havia assentos para as suas duas jovens esposas, que eram ocupados por dois dos seus prediletos na ausência delas. O meu assento estava ao pé do trono, em um lado dos degraus e o de Waru do outro. Depois dele estava o assento ocupado por Magazi.

---

[58] "Alguns pés", no texto original, mas não se sabe se menos que 2 metros.
[59] Antílope, pela semelhança com a palavra no idioma Dendi, principal dialeto em Djougou.

O rei bebia, mas não comia na presença de suas esposas. Sempre que ele bebia, uma de suas esposas ou um dos seus prediletos se ajoelhava diante dele e colocava as mãos sob o queixo dele, para impedir que a bebida caísse sobre ele. Na ausência deles, esse dever recaía sobre mim. Sempre que o rei precisava de mim para qualquer coisa, ele dizia *Gardowa*[60]. Eu respondia *Sabee* (um termo usado apenas para falar com o rei) e imediatamente corria na direção dele, me jogando ao chão e me curvando diante dele, numa atitude de grande respeito. Ele, então, dizia o que precisava e eu corria a toda velocidade para obedecer à sua ordem, não sendo permitido andar quando se tratava de uma ordem do rei. Quando ele desejava alguma coisa de Magazi, ele me chamava para comunicar-lhe a sua vontade. Dessa forma, eu passava o dia correndo, desde manhã até a noite, enquanto durassem as suas festividades.

Durante as festividades do rei, todos os principais personagens se reuniam e jantavam com ele, os mais importantes depois deles eram entretidos na casa de Magazi, os que vinham depois em outras casas, de forma que os convidados ficavam espalhados. É o dever das mulheres preparar a comida etc.

Descrever mais profundamente os hábitos e costumes do povo, sem dúvida, seria muito interessante para a maioria dos nossos leitores e nos daria grande prazer fazê-lo, se os limites do presente trabalho permitissem, mas no momento, esperamos que os leitores fiquem satisfeitos e contentes com o que já foi escrito para eles e espera-se que tirem proveito desta leitura. Em algum outro momento, se o público considerar adequado prestigiar esta obra, pode ser que um volume maior e mais extenso seja publicado pelo autor do presente trabalho, no qual serão dadas informações mais completas sobre África e os africanos dentro do conhecimento do autor.

---

[60] O nome Gardo seguido do sufixo *wa*.

CAPÍTULO 8

Captura e escravidão de Mahommah

Agora veremos a parte mais interessante da história de Mahommah, que diz respeito à sua captura na África e à sua subsequente escravidão. O assunto será exposto em suas palavras, praticamente.

Já foi dito que quando qualquer pessoa consegue uma posição eminente no país, ela é imediatamente invejada e medidas são tomadas para tirá-la do caminho; assim, quando perceberam que a minha situação era de confiança com o rei, obviamente fui identificado como objeto de vingança por um grupo invejoso de meus conterrâneos, atraído para uma cilada e vendido como escravo.

Certo dia, fui à cidade para ver a minha mãe, quando fui seguido por alguém tocando tambor enquanto era chamado pelo meu nome. O tambor batia em um ritmo que tinha sido aparentemente composto em honra a mim, eu supus, devido à minha posição elevada diante do rei. Isso me agradou muito e, me sentindo altamente lisonjeado, fiquei muito generoso e dei às pessoas dinheiro e vinho, enquanto cantavam e gesticulavam. A cerca de 1600 metros[61] da casa da minha mãe, havia um local onde uma bebida forte chamada *bagi*[62] era feita de grãos *harni* e fomos para lá, onde bebi muito *bagi*. Fiquei muito bêbado e

---

[61] Uma milha, no texto original.
[62] Tipo de cerveja feita por tribos ainda hoje e comercialmente em toda a África cujo malte fermenta sem necessidade de adição de fermento. Apesar de improvável, o nome é possivelmente derivado de *Baijiu*, chinês, que são bebidas alcoólicas (na China destiladas) feitas normalmente a partir de sorgo há milênios. Apesar de pouco conhecido no Ocidente, é atualmente a bebida alcoólica mais consumida no mundo.

me persuadiram a ir com eles para Zaracho[63], a cerca de 1600 metros de Zugu, para visitar um rei estranho que nunca tinha ouvido falar. Quando chegamos lá, o rei nos recebeu muito bem, uma grande festa foi preparada, muita bebida foi dada para mim e todos pareciam beber muito.

Quando acordei pela manhã, percebi que era um prisioneiro e meus companheiros tinham todos partido. Ah, que horror! Então, percebi que tinha sido traído e tinha sido vendido como escravo por inimigos. Nunca mais esquecerei os meus sentimentos nessa ocasião; os pensamentos em minha pobre mãe me incomodavam muito e a perda de minha liberdade e posição honrada com o rei me amarguraram profundamente. Lamentei amargamente a minha tolice por ter sido tão facilmente enganado, tendo depositado toda a minha cautela em uma taça. Se eu não tivesse perdido todos os meus sentidos, provavelmente teria escapado dessa armadilha, pelo menos dessa vez.

O homem, em cuja companhia eu me encontrava, deixado por meus companheiros cruéis, era um cujo emprego era livrar a nação de todas as pessoas como eu. A forma que ele usou para me prender foi a seguinte: ele pegou um galho de árvore que tinha dois forcados e o adaptou para que cruzasse a parte traseira do meu pescoço e ele então foi preso na frente com um cinto de ferro; o pau com cerca de 1,80 metro[64] de comprimento.

Confinado dessa forma, fui levado em direção à costa, para um lugar chamado Aruzo[65], que era uma grande aldeia. Lá encontrei alguns amigos, que lamentaram muito a minha

---

[63] De acordo com Robin Law e Robert Lovejoy este local seria Yarakeou, mas esta cidade está a mais de 20 km de Djougou.
[64] Seis pés, no original
[65] Existe um local chamado Aroso na atual Nigéria, mas não é em direção à costa, a cerca de 300 km de Djougou. Provavelmente é Alejo, distante 55 km de Djougou. Nesse último caso, seria um dia inteiro de caminhada.

posição, mas não tinha meios de me ajudar. Ficamos ali apenas uma noite, já que o meu senhor queria ir rapidamente, porque eu tinha lhe dito que escaparia e iria para casa. Dali fui levado a um lugar chamado Chirachuri[66]. Eu também tinha amigos lá, mas não os vi, já que fiquei sendo observado muito atentamente por meu senhor, que sempre ficava em lugares preparados ao propósito de manter os escravos em segurança. Havia buracos nas paredes onde meus pés foram colocados. Dali me levaram para um lugar chamado Chamá[67] (depois de passar por muitos outros lugares estranhos, cujos nomes não me lembro), onde ele me vendeu. Estávamos distantes de casa há quatro dias, caminhando muito rapidamente. Fiquei ali apenas um dia e fui revendido para uma mulher, que me levou para Efau[68]. Ela estava acompanhada por alguns homens jovens, que ficaram responsabilizados por tomar conta de mim, mas ela viajou conosco por vários dias. Sofri muito viajando pela floresta e nunca vi um ser humano em toda a viagem. Não havia estradas abertas, tivemos que abrir a mata para passar da melhor forma que podíamos.

Os habitantes das proximidades de Chamá vivem principalmente da caça de animais selvagens, que são muito numerosos ali. Vi muitos em dois dias, mas não sei os nomes deles em inglês. As pessoas ali andam praticamente nuas e possuem um aspecto grosseiro. A nação pela qual passamos depois de sair de Chirachiri era bem montanhosa, com água abundante e de boa qualidade e as árvores eram muito altas. Não sofremos com o calor durante a viagem, já que o clima era bem fresco e ameno; seria um país saudável e encantador, se fosse habitado por pessoas civilizadas e cultivado. As flores são

---

[66] Possivelmente Krikri.
[67] Possivelmente Tchamba.
[68] De acordo com Robin Law and Paul Lovejoy, Efau é provavelmente Fon, um nome alternativo para Daomé. Há ainda as cidades Effon-Alaiye, a 550 km de Djogou, Ifon Osun a 450 km de Djougou e Ife, a cerca de 400 km de Djogou.

várias e muito bonitas, as árvores são cheias de pássaros, grandes e pequenos, alguns cantam maravilhosamente. Atravessamos alguns cursos de água que, se não fosse a temporada de estiagem, seriam muito profundos, mas foram facilmente cruzados, não sendo superior a um metro[69] de profundidade em alguns locais. Havia muitas aves aquáticas no local. Vimos cisnes em abundância, tentamos matar alguns, mas era muito difícil, já que o movimento deles era muito rápido na água. Eles são lindos quando voam, com os pescoços e asas estendidos no ar, são perfeitamente brancos, nunca voam muito alto nem longe. A carne deles é doce e boa e é considerada um ótimo prato. Após passarmos pela floresta, chegamos a um lugar pequeno, onde a mulher que me tinha comprado tinha alguns amigos e onde fui tratado muito bem durante o dia, mas à noite fiquei bem preso, porque tinham medo que eu escapasse. Não consegui dormir à noite, porque estava imóvel.

    Após ficarmos ali por dois dias, recomeçamos a nossa jornada viajando dia após dia. A região pela qual passamos continuava bem montanhosa. Superamos algumas montanhas bem altas, que acredito que eram as montanhas de Kong[70]. O clima continuava fresco e agradável, a água, de excelente qualidade, era encontrada em abundância, as estradas, em alguns lugares, onde o solo era plano, era muito arenosa, mas só por pouca extensão. A região era muito pouco povoada desde

---

[69] Três pés, no original

[70] As montanhas de Kong são consideradas lendárias atualmente, pois não havia uniformidade para os cartógrafos, que se baseavam em expedições, para identificar Kong. Dessa forma, várias montanhas em diversos locais foram chamadas de Kong no século XIX em mapas da África. Uma possível posição do local era na nascente do rio Niger. A união da lendária montanha Kong com as lendas africanas sobre um gorila gigante rei das florestas publicadas no século XIX no Ocidente deram origem ao sucesso King Kong, o Rei de Kong, lançado na forma de livro em 1932 pelo escritor Edgar Wallace, como filme em 1933 e várias outras vezes na forma de filme ao longo dos séculos XX e XXI.

que tínhamos saído de Chamá. Os bosques ao longo do caminho não eram muito grandes, mas grandes partes de terra eram cobertas com um mato bem alto. Passamos por alguns lugares onde o fogo tinha consumido o mato, de forma parecida com o que fazem nas planícies do sul e no sudoeste da América do Norte.

Vou descrever aqui como fazem queimadas na África. Quando o mato fica bem crescido, passa a ser um refúgio ou esconderijo para animais selvagens, abundantes na região. Quando se decide queimar o mato, avisa-se a todas as pessoas por quilômetros nas redondezas e os caçadores vêm preparados com arcos e flechas, se posicionando ao redor da área a ser queimada por alguns quilômetros, formando um grande círculo. Quando o incêndio é iniciado em um ponto, logo é percebido pelo grupo no lado oposto, que imediatamente acende o fogo do seu lado, e assim por diante, até que todos ao redor tenham iniciado incêndios. O fogo avança para dentro, em direção ao centro, não se espalhando para fora do círculo. Os caçadores acompanham as chamas e levam galhos de árvores, com grandes folhas, os jogam no chão diante deles, para subirem sobre eles e lançarem suas flechas nos animais aterrorizados, que fogem diante do elemento devorador para o centro do incêndio. Os caçadores, obviamente, seguindo a sua caça ao redor do mato queimando, matam tudo diante deles conforme avançam. Eles são excelentes atiradores e as pobres criaturas atemorizadas têm muito pouca chance de sobreviver nessas ocasiões. Números imensos de animais são mortos, bem como serpentes em grande quantidade.

Mas voltando: ao passar por esses lugares que tinham sido queimados recentemente, a nossa viagem foi muito mais rápida, já que não havia muita coisa para impedir a nossa caminhada, mas onde o mato era alto como uma parede dos nossos lados, tínhamos que viajar muito cautelosamente, temendo que animais selvagens saltassem para fora nos atacando. Os povos da América não sabem nada sobre o mato alto, como na África. O mato alto das planícies norte-americanas é como uma criança ao lado de um gigante, em comparação com o mato da zona tórrida, que atinge geralmente 4 metros[71] de altura mas, às vezes, é muito mais alto e nada pode ser visto dentro mesmo que você esteja muito próximo, já que o mato é muito grosso e forte. Ele é ainda mais fechado que os pequenos bosques de madeira neste país.

Finalmente chegamos a Efau, onde fui novamente vendido. A mulher parecia triste por se separar de mim e me deu um pequeno presente ao me deixar. Efau é um lugar bastante grande, as casas eram de construção diferente das de Zugu e não tinham uma aparência tão bonita.

O homem para quem fui revendido era muito rico e tinha muitos escravos e esposas. Eu fui colocado sob o comando de um escravo idoso. Enquanto isso, uma grande dança foi realizada e fiquei com medo achando que fossem me matar, porque eu tinha ouvido que faziam isso em alguns lugares e imaginei que a dança era uma parte preliminar da cerimônia, assim, eu não me senti nada bem com aquilo. Fiquei várias semanas em Efau e fui muito bem tratado durante aqueles dias, mas como eu não gostava do trabalho que me tinha sido atribuído, viram que eu estava insatisfeito e como tinham o receio de me perder, me trancavam todas as noites.[72]

A região ao redor de Efau era muito montanhosa e, vistas da cidade, as montanhas tinham uma aparência nobre.

Depois de deixar Efau, não paramos até chegar a Dohama[73]; permanecíamos na floresta à noite e viajávamos

---

[71] Doze pés, no original.
[72] Isso parece indicar que Baquaqua saiu de Efau para ser revendido porque estava insatisfeito em Efau. Ele teria provavelmente permanecido escravo na África se tivesse se adaptado ao trabalho em Efau.
[73] Daomé (reino) que ficou conhecido no século XIX por suas guerreiras amazonas. Lovejoy e Law acreditam que se refere à capital, Abomé, que está

durante o dia, já que havia animais selvagens em grande abundância e fomos obrigados a fazer grandes fogueiras à noite para afastar os animais ferozes que, de outra forma, nos teriam atacado e dilacerado. Podíamos ouvi-los uivando à noite. Havia um em particular ao nosso redor do qual as pessoas tinham muito medo; ele tinha a forma de um gato com um corpo comprido, alguns eram somente de uma cor, outros com manchas e muito bonitos; os olhos deles brilhavam como orbes brilhantes de fogo à noite, lá são chamados de *gunu*[74]. Eu presumo da descrição que devem ser o que chamamos de leopardo, já que com base na descrição, entendo que sejam o mesmo animal.

Dohama está cerca de três dias viagem de Efau[75] e é uma cidade muito grande; as casas são construídas de forma diferente de todas as outras que eu já tinha visto. A região ao redor é plana e as estradas são boas; ela é mais densamente povoada do que qualquer outra parte pela qual eu tinha passado. Os costumes do povo também eram completamente diferentes de tudo que eu já tinha visto antes, apesar de não serem tão diferentes dos das pessoas em Zugu.

Eu estava sendo conduzido pela cidade e, conforme passávamos, encontramos uma mulher e meu guarda que estava comigo imediatamente começou a correr o máximo que podia se afastando. Eu fiquei imóvel, sem saber o que ela significava; ele viu que eu não tentei segui-lo e nem me movia, então ele me chamou na língua Efau para segui-lo, o que eu fiz. Então, ele me disse, depois de termos descansado, que a mulher que tínhamos visto era a esposa do rei e é um sinal de respeito correr sempre que ela é vista por um de seus súditos. Havia portões na cidade e um pedágio foi exigido para passarmos. Fiquei ali por um curto

---

a 92 km do porto de onde ele seria enviado ao Brasil, já que diz que trata-se de uma cidade muito grande.
[74] Leopardo, tigre ou leão.
[75] Pouco mais de 200 km em linha reta.

período de tempo, mas notei que era um ótimo lugar para beber uísque e as pessoas ali gostavam muito de dançar. Neste lugar, eu vi laranjas pela primeira vez na minha vida. Foi-me dito, enquanto estava ali, que a casa do rei era ornamentada com crânios humanos no exterior, mas não vi isso. Quando chegamos, comecei a perder as minhas últimas esperanças de voltar para a minha casa, mas até este momento tinha esperança de fugir e de ver mais uma vez o meu lugar de origem, de um jeito ou de outro, mas enfim, a esperança cedeu; o seu último raio parecia desvanecer e meu coração se entristeceu e cansou dentro de mim, conforme eu lembrava da minha casa, da minha mãe! Eu a amava muito ternamente e a ideia de nunca mais a vê-la acrescentou muito às minhas confusões mentais. Eu me sentia triste e solitário, onde quer que eu fosse e meu coração se afundava dentro de mim, quando pensava nos "velhos amigos do lar". Algumas pessoas supõem que o africano não tem os sentimentos mais nobres dentro do seu peito e que o leite da bondade humana não corre em sua composição: isso é um erro, um erro do tipo mais grosseiro; os sentimentos que animaram toda a raça humana vivem dentro das criaturas negras da zona tórrida, assim como nos habitantes das zonas temperada e frígida, os mesmos impulsos o motivam para a ação, o mesmo sentimento de amor se mexe em seu peito, os mesmos sentimentos maternos e paternos estão lá, as mesmas esperanças e medos, as mágoas e as alegrias, de fato tudo está lá como no resto da humanidade. A única diferença é a cor deles e isso foi preparado por aquele que criou o mundo e tudo que existe: os céus, as águas do poderoso oceano, a lua, o sol e as estrelas, o firmamento e tudo o que foi feito desde o início até agora. Portanto, por que alguém desprezaria as obras das suas mãos que foram feitas e formadas de acordo com o seu poder Todo-Poderoso, na plenitude de sua bondade e misericórdia? Ó desprezadores das obras divinas, olhem para vocês mesmos, e cuidado, que aquele que pensa estar em pé preste atenção para não cair.

Em seguida, fomos para Grafe[76], distante cerca de um dia e meio de viagem. A terra pela qual passamos era muito densamente povoada e geralmente bem cultivada, mas eu não lembro de termos passado por riachos depois que entramos nesta região plana. Em Grafe, vi o homem branco pela primeira vez e tenha certeza que isso chamou muito a minha atenção. As janelas das casas também eram estranhas para mim, já que esta foi a primeira vez na minha vida que vi casas com janelas[77]. Eles me levaram para a casa de um homem branco, onde permaneci até a manhã seguinte. Quando me trouxeram o café da manhã, me surpreendi muito ao descobrir que a pessoa que trouxe meu café da manhã era um antigo conhecido e conterrâneo. Ele não me reconheceu inicialmente, mas quando me perguntou se meu nome era Gardo e eu lhe disse que era, o pobre homem ficou muito feliz, me pegou pelas mãos e me sacudiu violentamente, pois estava muito feliz em me ver. Seu nome era Wuru, tinha vindo de Zugu, tendo sido escravizado há cerca de dois anos, ninguém lá sabia o que tinha acontecido com ele. Ele perguntou por seus amigos em Zugu, me perguntou se eu tinha vindo de lá, olhou para minha cabeça e observou que eu tinha o mesmo corte que usava quando estávamos em Zugu juntos, eu disse a ele que sim. Pode ser útil esclarecer que, na África, cada nação tem um modo diferente de raspar a cabeça e a região onde as

---

[76] Grafe seria *Glehue*, outro nome da cidade portuária de Ajudá, nesta época parte sob o controle de Daomé. Isso indicaria que Baquaqua caminhou cerca de 100 km em um dia e meio.

[77] Somente as construções europeias em Ajudá tinham janelas. Os franceses construíram um entreposto na cidade em 1671 transformado em forte em 1704 (Fort Saint-Louis de Juda) e os ingleses construíram um forte nos anos 1680, oficialmente abandonado em 1812 e demolido em 1908. Os portugueses construíram o forte de São João Batista de Ajudá em 1721, em terras dadas a Portugal pelo rei Haffon, mas já tinham um entreposto ali desde 1681. O forte português ficou sob controle de Portugal até 1961 quando foi anexado pela nação africana.

pessoas vivem é identificada a partir do corte de cabelo da pessoa. Em Zugu, o cabelo é raspado nos lados da cabeça, mas no topo da cabeça desde a testa até a parte de trás, deixa-se crescer três círculos redondos, que deixamos crescer bastante, mas os espaços entre elas são raspados. Não há dificuldade para uma pessoa familiarizada com os diferentes cortes identificar de qual parte qualquer homem é.

 Wuru parecia estar muito ansioso para que eu permanecesse em Grafe, mas eu estava destinado a outras regiões. Esta cidade está situada às margens de um grande rio e, depois do almoço, fui levado até o rio e me fizeram subir a bordo de um barco. O rio era muito grande e se dividia em duas ramificações diferentes, antes de desaguar no mar. O barco em que os escravos eram colocados era grande e era impulsionado por remos, embora tivesse velas também, mas o vento não era forte o suficiente e os remos foram usados também. Ficamos duas noites e um dia neste rio e depois chegamos a um lugar muito bonito, cujo nome não lembro. Não ficamos aqui muito tempo, mas assim que os escravos estavam todos reunidos e o navio estava pronto para zarpar, não perdemos tempo e nos lançamos ao mar. Enquanto estávamos neste lugar, os escravos foram todos reunidos e postos de costas para a fogueira. E nos ordenaram para não olhar ao redor e, para garantir obediência, um homem foi colocado diante de nós com um chicote na mão pronto para chicotear o primeiro que se atrevesse a desobedecer às ordens. Outro homem, em seguida, andava ao redor com um ferro quente e nos marcava da mesma forma como fazem com as tampas de barris ou qualquer outra mercadoria ou objeto inanimado.

 Quando todos estavam prontos para subir a bordo, fomos acorrentados juntos e amarrados com cordas ao redor de nossos pescoços e então arrastados para a praia. O navio estava a alguma distância. Eu nunca tinha visto um navio antes e minha noção dele era que era algum objeto de adoração do homem branco. Imaginei que todos seríamos mortos e estávamos indo para lá por isso. Senti-me preocupado pela minha segurança e o desânimo se apoderou de mim quase totalmente.

Uma espécie de festa foi feita na praia naquele dia e os que remaram os barcos receberam abundantemente uísque e os escravos receberam arroz e outras coisas boas em abundância. Eu não sabia que esta seria a minha última festa na África. Eu não conhecia o meu destino. Feliz de mim que não sabia. Tudo o que eu sabia era que eu era um escravo, acorrentado pelo pescoço e que deveria pronta e voluntariamente me submeter a não importa o que fosse e ser escravo era o que eu tinha o direito de saber.

Finalmente, quando chegamos à praia, ficamos de pé na areia. Oh! Como eu queria que a areia se abrisse e me engolisse. Eu não consigo descrever o meu mal-estar. Era indescritível. O leitor pode imaginar, mas qualquer coisa parecida com um esboço dos meus sentimentos estaria muito além da realidade. Havia escravos trazidos de todas as partes do continente e embarcados no navio. O primeiro barco tinha alcançado o navio em segurança, apesar do vento forte e do mar agitado, mas o último barco que se aventurou virou e todos nele se afogaram, exceto um homem. O número de mortos era cerca de trinta. O homem que se salvou era muito forte e estava na frente do barco com uma corrente na sua mão, que ele segurava muito firmemente, a fim de estabilizar o barco e quando o barco virou, ele foi lançado ao mar com os outros, mas conseguiu revirar o barco de alguma forma por baixo e assim se salvou, se jogando dentro do barco, quando ele voltou à posição inicial. Isso exigiu grande força e ser forte lhe deu vantagem sobre os outros. Eu fui colocado no barco seguinte que foi posto no mar, mas Deus achou por bem me poupar, talvez por algum bom motivo. Em seguida, eu fui colocado no mais horrível de todos os lugares.

Capítulo 9

O Navio Negreiro

Os seus horrores, ah... quem pode descrevê-los [78]? Ninguém pode descrever os seus horrores tão verdadeiramente como o pobre miserável e infeliz que foi confinado em suas portas. Ó amigos da humanidade, tenham pena do pobre africano, que foi enganado e vendido para longe dos amigos e de sua casa e colocado no porão de um navio negreiro, aguardando ainda mais horrores e misérias em uma terra distante, entre os religiosos e benevolentes. Sim, até mesmo entre eles... mas vamos ao navio!

Fomos empurrados para o porão do navio nus, os homens sendo amontoados em um lado e as mulheres no outro. O porão era tão baixo que não podíamos levantar, éramos obrigados a ficar sentados ou agachados no chão. Os dias e as noites eram iguais para nós, o sono era negado por causa da posição confinada dos nossos corpos. Estávamos desesperados, devido ao sofrimento e à fadiga.

Ah! A repugnância e a imundície daquele lugar horrível nunca serão apagadas da minha memória. Não! Enquanto a minha memória existir neste cérebro distraído, eu lembrarei daquilo. Ainda hoje, o meu coração enfraquece só de relembrar aquilo.

Se os indivíduos favoráveis à escravidão tomassem o lugar de um escravo no porão fedorento de um navio negreiro apenas por uma viagem da África para a América, sem entrar nos

---

[78] A biografia de Olaudah Equiano também retrata muito bem o navio negreiro. Equiano, como Mahommah, foi raptado por africanos e escravizado por um tempo na África antes de ter sido vendido em Virgínia, Estados Unidos. Estas são umas das poucas descrições de um navio negreiro feitas por um escravo que o vivenciou cruzando o Atlântico.

horrores da escravidão, que vão além disso, e não se tornassem abolicionistas, então eu não teria nada a mais a dizer a favor da abolição. Mas acho que as suas opiniões e seus sentimentos em relação à escravidão mudariam em algum grau. Contudo, se isso não acontece, que continuem no curso da escravidão, com seus escravos nos campos de algodão, de arroz ou de outras plantações, mas se não dizem "chega, basta!", acho que devem ser de ferro, sem corações nem almas. Imagino que não exista um lugar mais horrível em toda a criação do que o porão de um navio negreiro e esse lugar é onde os senhores de escravos e os seus lacaios muito provavelmente se encontrarão algum dia quando, infelizmente, será tarde demais.

O único alimento que recebíamos durante a viagem era milho ensopado fervido. Não sei dizer por quanto tempo ficamos confinados, mas parecia muito tempo. Sofríamos muito com sede, mas tudo o que precisávamos era negado. Uma caneca[79] por dia era tudo que era permitido e nada mais e muitos escravos morreram durante a viagem. Houve um colega que ficou tão desesperado pela necessidade de água, que tentou pegar uma faca do homem branco que trazia a água. Ele foi levado para o convés e nunca soubemos o que aconteceu com ele. Achamos que ele foi lançado no oceano.

Quando qualquer um de nós se rebelava, a sua carne era cortada com uma faca e pimenta ou vinagre era esfregado para acalmá-lo! Eu e todos nós sofremos inicialmente muito com o enjoo marítimo, mas isso não incomodava em nada os nossos donos brutais. Os nossos sofrimentos eram nossos, não tínhamos ninguém com quem compartilhar os nossos problemas, ninguém para tomar conta de nós ou até mesmo para nos dizer uma palavra de conforto. Alguns eram lançados ao mar ainda vivos: quando achavam que alguém iria morrer, eles se livravam dele assim. Só nos permitiram subir ao convés duas vezes durante a

---

[79] No original, "pint", ou seja, pouco menos de meio litro

viagem para nos lavar – a primeira em alto-mar e a segunda pouco antes de aportar.

Capítulo 10

A escravidão no Brasil

Chegamos em Pernambuco, na América do Sul, de manhã cedo e a embarcação ficou navegando ao longo da costa durante o dia, sem ancorar. Durante todo o dia, não bebemos nem comemos nada e nos fizeram entender que tínhamos que ficar em silêncio absoluto e não fazer nenhum alarido, caso contrário as nossas vidas estariam em perigo[80]. Mas quando a "noite lançou o seu manto negro sobre a terra e o mar", a âncora foi lançada e pudemos subir para o convés para sermos vistos e manipulados pelos nossos futuros senhores, que tinham subido a bordo vindos da cidade. Atracamos a algumas milhas da cidade, na casa de um fazendeiro, que era usada como um tipo de mercado negreiro. O fazendeiro tinha muitos escravos e eu não demorei a vê-lo usar o chicote muito livremente em um rapaz, o que me impressionou muito, já que naturalmente imaginei que aquele seria o meu destino em breve, e infelizmente, breve demais, meus medos foram realizados.

Quando cheguei à praia, me senti grato à Providência por poder, mais uma vez, respirar ar puro, pensamento este que quase absorvia todos os outros. Naquele momento, eu pouco me importava que era escravo: sair do navio era tudo que eu queria. Alguns dos escravos a bordo sabiam falar português. Eles tinham

---

[80] O tráfico de escravos era feito secretamente já que tinha sido proibido no Brasil em 1822, através de imposição da Inglaterra como uma das condições para reconhecimento da independência brasileira. O trabalho da historiadora Beatriz Mamigonian, professora da UFSC, mostrou que este foi um exemplo do crônico problema das leis que "não pegam" no Brasil, escancarando o cinismo que marcou (e continua marcando) o Brasil como nação, devido a parte do povo, que não respeita as leis básicas relativas a direitos humanos, e à falta de fiscalização adequada perante o abuso.

vivido na costa com famílias portuguesas e agiam como intérpretes para nós. Eles não tinham sido colocados no porão conosco, mas desciam ocasionalmente para nos contar uma ou outra coisa.

Esses escravos nunca souberam que seriam mandados embora, até que foram colocados a bordo do navio. Permaneci neste mercado escravo por um dia ou dois, até que fosse novamente vendido a um comerciante de escravos na cidade, que me revendeu, por sua vez, a um homem dali que era um padeiro, que residia não muito longe de Pernambuco.

Quando um navio negreiro chega, a notícia se espalha como fogo ardente e logo chegam todos os que estão interessados na chegada da embarcação com a sua carga de mercadorias vivas, que escolhem no estoque os mais adequados às suas diferentes finalidades e compram os escravos exatamente da mesma forma que bois ou cavalos seriam comprados em um mercado, mas se não houver o tipo de escravos que procuram na carga, adequados às necessidades e aos desejos dos compradores de escravos, uma ordem de compra é dada ao capitão especificando os tipos particulares necessitados, que serão trazidos no navio da próxima vez que ele aportar. Quantias elevadas tornam a compra e a venda de carne humana um ótimo negócio para muitas pessoas, que não vivem de outra coisa, dependendo exclusivamente desse tipo de tráfico.

Durante a minha viagem no navio negreiro, eu tinha idealizado aprender um pouco da língua portuguesa, com os homens que já mencionei e, como o meu senhor era português, eu pude compreender o que ele queria muito bem e o fiz entender que faria tudo o que ele precisasse, dentro do meu alcance, com o que ele pareceu muito satisfeito.

A família dele era formada por ele mesmo, a esposa, dois filhos e uma mulher parente deles. Ele tinha quatro outros escravos, além de mim. Era um católico romano e fazia com que a família dele fizesse adorações regularmente duas vezes por dia, da seguinte forma: ele tinha um grande relógio carrilhão na entrada da casa no qual estavam algumas imagens feitas de barro, que eram usados na adoração. Nós todos tínhamos que nos ajoelhar diante delas; a família na frente e os escravos atrás. Fomos ensinados a cantar algumas palavras das quais não sabíamos o significado. Também tínhamos que fazer o sinal da cruz várias vezes. Durante a adoração, o meu senhor segurava um chicote e aqueles que mostravam sinais de desatenção ou sonolência, eram imediatamente despertados por uma aplicação aguçada do chicote. Isso normalmente acontecia com a escrava, que frequentemente dormia diante das imagens, cruzes e outras peças religiosas de entreter.

Logo me colocaram para trabalhar duro, um trabalho que ninguém faz, só escravos e cavalos. Quando esse homem me comprou, ele estava construindo uma casa e tinha que ir pegar pedras para construção do outro lado do rio, a uma distância considerável e eu era obrigado a carregá-las. Elas eram tão pesadas, que eram necessários três homens para colocá-las sobre a minha cabeça, um fardo que eu era obrigado a suportar por cerca de 400 metros, pelo menos, até onde o barco estava.

Às vezes, a pedra pressionava minha cabeça com tanta força que eu era obrigado a deixá-la cair no chão, o que deixava o meu senhor muito zangado e ele dizia que o cachorro tinha jogado a pedra. Foi quando pensava em meu coração que ele era o pior dos cães, mas era só um pensamento, já que eu não ousava a me exprimir assim em palavras.

Logo melhorei o meu conhecimento da língua portuguesa e em pouco tempo era capaz de contar até cem. Então fui enviado para vender pães para o meu senhor, primeiramente pela cidade e depois pelo campo e, à noite, depois de voltar para casa, vendia no mercado até às nove horas da noite. Sendo muito honesto e perseverante, eu geralmente vendia tudo, mas às vezes não era tão bem-sucedido, então o chicote era a minha recompensa.

Os meus companheiros de escravidão não eram tão regulares como eu, tendendo muito a beber, então eles não eram tão lucrativos para o meu senhor. Eu me beneficiei disso para ser mais estimado para ele, sendo muito prestativo e obediente, mas de nada adiantava, não importava o que eu fizesse, pois ele não passava de um tirano a quem servir. Nada parecia satisfazê-lo, então comecei a beber da mesma forma, assim éramos todos do mesmo tipo: senhor ruim, escravos ruins.

As coisas foram ficando cada vez piores e eu fiquei muito ansioso para mudar de senhor, então tentei fugir, mas logo fui pego, amarrado e levado de volta. Em seguida, tentei ver se seria bom para mim ser infiel e indolente; então um dia quando fui enviado para vender pães como fazia usualmente, só vendi uma pequena quantidade e gastei o dinheiro com uísque, que bebi bastante. Fui para casa bem bêbado e quando meu senhor foi fazer as contas, pegando a minha cesta e descobrindo a situação, fui agredido muito gravemente. Eu disse a ele que não precisava mais me chicotear e fiquei muito zangado, pois o pensamento veio à minha cabeça de matá-lo e depois disso me suicidar. Então depois decidi me suicidar: eu preferia morrer do que viver como escravo.[81] Corri para o rio e me joguei nele, mas fui visto por algumas pessoas que estavam em um bote e fui salvo. A maré estava baixa naquela hora ou os esforços deles provavelmente teriam sido em vão e, apesar da minha predeterminação, agradeci a Deus por minha vida ter sido poupada e por este ato tão mau não ter sido consumado. Isso me levou seriamente a refletir que "Deus se move de forma misteriosa" e que todos os atos dele são atos de doçura e misericórdia.

Eu era um pobre pagão na época, quase tão ignorante como um hotentote e não tinha conhecido o verdadeiro Deus,

---

[81] Segundo o historiador Renato Pinto Venâncio, o suicídio entre escravos era a duas a três vezes mais elevado do que entre pessoas livres.

nem nenhum dos seus mandamentos divinos. No entanto, apesar de ignorante e escravo, eu odiava a escravidão, principalmente, suponho, porque eu era a sua vítima. Após essa tentativa de perder a minha vida, fui levado à casa do meu senhor, que amarrou as minhas mãos por trás de mim, colocou os meus pés juntos, me chicoteou sem piedade e me bateu na cabeça e no rosto com um pedaço de pau pesado. E ele me sacudiu pelo pescoço, bateu a minha cabeça contra os batentes da porta, que me cortaram e me machucaram nas têmporas. As cicatrizes desse tratamento selvagem são visíveis neste momento e permanecerão assim enquanto eu viver.

Depois de toda essa crueldade, ele me levou para a cidade e me vendeu para um comerciante de escravos, onde ele já tinha me levado uma vez, mas os amigos dele o aconselharam não me vender, já que consideraram mais vantagem me manter por eu ser um escravo lucrativo. Eu não contei aqui uma mínima parte do sofrimento cruel que passei durante os serviços para este desgraçado com forma humana. Os limites deste livro não me permitirão mais do que uma rápida passagem pelos acontecimentos diferentes que ocorreram em minha breve carreira. Eu poderia contar mais do que seria agradável para "ouvidos educados", mas isso possivelmente não faria bem algum. Eu poderia relatar ocorrências que "congelariam o seu sangue jovem, arrepiariam a sua alma e deixariam cada fio de cabelo de pé, como os espinhos de um porco-espinho irritado" mas, mesmo assim, isso não seria nada diferente das milhares de histórias contadas frequentemente sobre o sistema cruel da escravidão.

O homem para quem fui revendido era muito cruel. Ele comprou duas mulheres quando me comprou, uma delas era uma menina muito bonita e ele a tratava com uma brutalidade chocante.

Depois de algumas semanas, ele me enviou para o Rio Janeiro, onde fiquei duas semanas até que fosse revendido de novo. Havia um homem negro ali que queria me comprar, mas por alguma razão ele não concluiu a compra. Menciono esse fato apenas para ilustrar que a posse de escravos é baseada no poder e qualquer pessoa com as condições para comprar o seu semelhante com lixo desprezível [82] pode se tornar um proprietário de escravos, não importa sua cor, seu credo ou país. O homem negro escravizaria seu semelhante assim como o homem branco, se tivesse o poder. [83]

Fui vendido para um capitão de uma embarcação que era o que pode ser chamado de um "caso difícil". Ele me convidou para conhecer a sua senhora (a esposa). Fiz o melhor para cumprimentá-la e logo fui colocado em meu novo trabalho, o de polir as partes metálicas do navio, limpar facas e garfos e fazer outras tarefas menores necessárias na cabine. Inicialmente, não gostei da minha situação, mas conforme conheci a tripulação e os outros escravos, fui me dando muito bem. Em pouco tempo, fui promovido para o cargo de segundo criado de bordo. O criado de bordo arrumava a mesa e eu levava os alimentos para o cozinheiro e servia à mesa. Sendo bem inteligente, eles me davam muita coisa para fazer. Pouco depois, o capitão e o criado de bordo se desentenderam e ele desistiu da posição de administração, foi quando as chaves do seu escritório foram

---

[82] O texto em inglês aqui é "paltry dross", que poderia ser traduzido como "lixo desprezível", mas entende-se que ele se refere ao dinheiro.

[83] Pesquisas do historiador Eduardo França Paiva mostram que desde o início do século XVIII até meados do século XIX, época de Baquaqua no Brasil, mais de 30% dos proprietários de escravos em Minas Gerais eram ex-escravos ou descendentes de escravos. O mesmo ocorreu nos Estados Unidos, em menor escala, como foi o caso de Venture Smith, autor de uma biografia, *A Narrative of the Life and Adventures of Venture, A Native of Africa*, publicada em 1798. Príncipe de uma tribo na África sequestrado, ele comprou a sua liberdade aos 31 anos, e depois a da esposa e a dos filhos e acabou se tornando proprietário de escravos e de uma fazenda com cem acres. Em um estudo, Carter G. Woodson afirma que em 1830, cerca de 13,7% dos negros eram livres e 0,16% dos negros nos Estados Unidos eram escravocratas.

confiadas a mim. Eu fiz o melhor possível para agradar ao meu senhor, o capitão, e ele, por sua vez, confiava em mim. A esposa do capitão não era uma boa mulher; tinha um péssimo humor. O capitão a tinha trazido de Santa Catarina, exatamente quando ela estava prestes a se casar, mas acredito que os dois nunca casaram. Ela sempre me deixava em uma situação desconfortável diante do meu senhor, o que era sempre acompanhado por uma chicotada. Certas vezes, fazia tudo para que eu fosse chicoteado e outras vezes interferia para impedir, dependendo do humor dela. Ela era uma estranha combinação de humanidade e brutalidade e sempre navegava com o capitão.

A nossa primeira viagem foi para Rio Grande[84]; a viagem teria sido agradável se eu não tivesse sofrido enjoo marítimo. As águas do porto no Rio Grande eram bem rasas e, ao chegar, tocamos no fundo, encalhando, e tivemos grande dificuldade de navegar de novo. Finalmente, conseguimos e trocamos a nossa carga por carne seca. Então fomos para o Rio de Janeiro e em pouco tempo conseguimos vender a carga. Depois fomos para Santa Catarina para obter farinha, um tipo de alimento derivado do pão usado principalmente pelos escravos. Dali, voltamos para Rio Grande e trocamos a nossa mercadoria por óleo de baleia. Voltando ao mar, fomos para o Rio Janeiro. A embarcação estava pesada pelo excesso de carga e tivemos maus momentos; achávamos que seria o nosso fim, mas tornamos o navio mais leve nos livrando de parte da carga, o que fizemos lançando ao mar uma parte, assim a embarcação e todas as pessoas mais uma vez foram salvas das garras devoradoras dos oceanos. Ventos frontais prevaleciam e, apesar de estarmos vendo o porto há alguns dias, não conseguíamos atracar, apesar de todos os nossos esforços.

Enquanto nos perguntávamos se seria ou não o fim,

---

[84] É a cidade de Rio Grande, fundada em 1737, situada no Rio Grande do Sul, onde há um importante porto.

ocorreu-me que a morte não seria nada a mais que a libertação da minha escravidão e, por isso, era mais bem-vinda do que o contrário. Na verdade, eu nem me importava. Eu era apenas um escravo sem esperança ou perspectiva de liberdade, não tinha amigos nem liberdade. Eu não tinha esperanças neste mundo e não sabia nada do próximo; tudo era escuridão, tudo era medo. O presente e o futuro eram como um só, sem marca divisória, só trabalho! Trabalho!! Crueldade! Crueldade!! Não seria o fim, só a morte de todos os meus lamentos. Na época, eu não era cristão, não conhecia o amor do Salvador, não sabia nada sobre a sua graça salvadora, sobre seu amor pelos pobres pecadores perdidos, sobre sua missão de paz e boa vontade para todos os homens, nem eu tinha ouvido falar daquela boa terra tão bem falada pelo poeta: "uma terra de delícias puras, onde reinam os santos imortais"[85] e terra de promessa para qual o cristão diariamente reduz a sua jornada. Não! Eu ainda não conhecia essas "notícias de grande alegria" e tudo era um desespero negro. Mas quando conheci as palavras do Salvador "venham a mim, todos os que estão cansados e sobrecarregados e eu lhes darei descanso", eu procurei e o encontrei, que foi um bálsamo para as minhas feridas, como uma consolação para a minha alma aflita. Quando penso em tudo isso e considero o passado, fico contente em me esforçar neste mundo para realizar a minha missão aqui e fazer o trabalho que me é dado para fazer. Oh! Cristianismo, aliviador das feridas humanas, guia dos cegos, força dos fracos, siga a sua missão, transmita as notícias pacíficas de salvação em todo o mundo e alegre o coração do homem, "então o ermo exultará e florescerá como a rosa". Assim chegará a escravidão e todos os seus horrores definitivamente a um fim, pois ninguém que possua o seu poder e sob sua influência poderá perpetuar um chamado tão distante e tão repugnante de

---

[85] O trecho citado por Baquaqua está dentro de um dos 750 hinos escritos por Isaac Watts, "There is a land of purê delight", escrito em 1709.

todas as suas doutrinas.

Após muitos esforços, conseguimos desembarcar com perfeita segurança. Durante essa viagem, eu suportei mais punição corpórea do que nunca em minha vida. O segundo capitão do navio, totalmente bruto, um dia me ordenou lavar a embarcação e, depois que eu tinha terminado, ele apontou para um lugar onde disse que estava sujo e, praguejando, me ordenou esfregá-lo outra vez, e assim fiz, mas não estando com bom humor, exigiu que fosse feito uma terceira vez e assim por diante.

Quando descobri que aquilo era somente capricho e que não havia sujeira para limpar, me recusei a esfregar mais. Então ele pegou um cabo de vassoura para mim e tendo uma escova de esfregar em minha mão, eu a levantei contra ele. O senhor viu tudo o que estava acontecendo e ficou muito zangado por eu ter tentado bater no segundo capitão. Então ele mandou que um dos marujos cortasse um pedaço de corda para ele e me perguntou se eu aguentava ser chicoteado e eu respondi: "muito bem", mas continuei o meu trabalho com um olho voltado continuamente para ele, acompanhando os movimentos dele. Quando eu tinha preparado o café da manhã, ele veio por trás de mim antes que eu pudesse escapar e me prendeu com a corda sobre os meus ombros e, sendo bem comprida, uma das extremidades dela balançava e batia na minha barriga com violência, o que me causou dor e enjoo; a força com que ela me batia me derrubou e depois ele me bateu enquanto estava no convés de uma maneira muito brutal. A minha senhora interferiu dessa vez e me salvou de mais violência.

Permanecemos no Rio Janeiro por quase um mês. Enquanto estávamos lá, ocorreu um incidente, que relatarei em seguida a fim de ilustrar o sistema escravista.

Um dia foi necessário que eu fosse à praia com o meu senhor como um dos remadores e, enquanto estava ali, bebi vinho excessivamente e, ao ver o meu senhor voltando para o barco, me dirigi em direção ao barco, mas estando embaraçado devido à bebida e nervoso por ver meu senhor, caí na água, mas sendo rasa, não sofri nada além de beber água devido à embriaguez. Facilmente fui retirado da água. Enquanto remava levando meu senhor, minha cabeça girou muito devido aos efeitos da bebida alcoólica que eu tinha consumido e, consequentemente, eu não remava muito consistentemente. Quando o meu senhor percebeu a situação, perguntou qual era o problema e eu disse "nada senhor" e ele disse novamente: "Você andou bebendo?" Eu respondi "não, senhor!" De modo que, através do sofrimento, passei a beber e daí aprendi a mentir e, sem dúvida, continuaria indo degrau a degrau de mal a pior, até que nada teria sido mau o suficiente para eu fazer e tudo isso por causa do horrível sistema escravista. Mas fico feliz em dizer que fui levado a abandonar os meus maus modos através da graça de Deus.

Capítulo 11

Liberdade em Nova York

Depois que a carga foi desembarcada, meu senhor foi contratado por um comerciante Inglês que queria que fosse transportada uma quantidade de café para Nova York e, depois de algum tempo, foi combinado que eu deveria acompanhá-lo, juntamente com alguns outros para trabalharmos a bordo do navio.

Todos nós sabíamos que em Nova York não havia escravidão, que era uma terra livre[86] e que, depois que tivéssemos chegado lá, não mais teríamos que temer os nossos senhores de escravos cruéis e estávamos todos muito ansiosos para chegar lá.

Antes do início da viagem do navio, fomos informados que estávamos indo para uma terra de liberdade. Eu disse: "então você nunca mais vai me ver depois que eu chegar lá". Eu estava muito animado com a ideia de ir para um país livre e um raio de esperança surgiu em mim, me indicando que o dia quando eu seria livre não estava muito longe. Na verdade, eu já me sentia livre! Como era bonito o brilho do sol naquela manhã agitada, a manhã da nossa ida para essa terra de liberdade sobre a qual tanto tínhamos ouvido falar. Os ventos estavam favoráveis também e assim que a vela foi içada e se espalhou diante da brisa revigorante, nosso navio estava preparado para ir àquela terra feliz. Os deveres do ofício, naquela viagem, foram fáceis para mim, com a expectativa de ver a boa terra e nada parecia ser problema para mim. Obedeci a todas as ordens de bom grado e com entusiasmo.

Aquele era o momento mais feliz da minha vida, até

---

[86] Os últimos escravos em Nova Iorque tinham sido libertados em 1827.

mesmo agora o meu coração se empolga quando penso naquela viagem e acredito que o Deus de todas as piedades comandou tudo isso para o meu bem, de tão grato que fiquei.

    Os ventos foram favoráveis por alguns dias durante a viagem, mas depois passamos por condições climáticas muito tempestuosas e difíceis, que retardaram um pouco o nosso progresso e nos deixaram em certo nível de perigo de sermos enviados "para o ponto do qual nenhum viajante retorna", conforme os medos se apoderavam da nossa embarcação. Uma noite durante a viagem, houve um enorme furacão durante toda a noite e, pouco antes do nascer do dia, as lâmpadas da bitácula[87] apagaram com o balançar violento do navio. Fui ordenado a acendê-las, mas por causa do vento forte, depois de várias tentativas, falhei completamente. "Aha", disse o capitão, "rapaz, você não consegue acender a bitácula, não é?"

    O timoneiro disse que havia iluminação suficiente, que as luzes não eram necessárias, ele conseguia ver a bússola suficientemente bem, mas como foram dadas ordens, mesmo que a luz não fosse necessária, deveria haver luz, então, três outros homens foram chamados e um cobertor foi colocado ao redor da bitácula para impedir o vento. Depois de um longo tempo, conseguiram acender algumas, mas eu não sabia como fazer, não conseguia acender, já tinha tentado várias vezes. Depois disso, o capitão saiu de sua cama, se vestiu e me mandou acender sua lâmpada, quando eu fui até ele, ele pegou um pau grande para me golpear e visando golpear a minha cabeça, levantei meu braço para proteger a minha cabeça, mas ele me disse para abaixar a minha mão. Eu fiz isso, mas pouco antes do golpe me atingir levantei a minha mão de novo e consegui impedir que o meu crânio fosse rachado. Ele não queria bater na minha mão, já que isso me impediria de fazer o meu trabalho,

---

[87] Móvel antigo em forma de coluna onde estava a bússola, situado próximo do timão nos navios

mas com a minha cabeça quebrada ou não, eu deveria fazer o meu trabalho normalmente. Então ele me disse para virar para que pudesse bater nas minhas costas. Eu disse a ele para me bater o quanto quisesse. Ele ficou muito zangado e bateu de forma aleatória na minha cabeça e no corpo, exatamente onde podia ser. Eu o desafiei a fazer o seu pior, a fazer o que podia e a se vingar totalmente em um ser miserável como eu. Ele então chamou três homens e ordenou que eu fosse amarrado no canhão. Eu tive vontade de me lançar na água, mas não queria ir sozinho. Se eu conseguisse ter o prazer de levá-lo comigo, eu teria feito isso. Os três homens me amarraram, me colocando sobre o canhão, com o rosto voltado para baixo. Então eles receberam a ordem de me chicotear, o que fizeram muito bem. Ele então exigiu que eu me rendesse e implorasse piedade, mas isso eu não faria. Eu disse a ele que podia me matar se quisesse, mas piedade a ele eu não pediria. Eu também disse a ele que quando me desamarrasse do canhão, ele deveria tomar cuidado naquele dia, pois quando olhei para meu corpo ensanguentado e dilacerado, refleti que apesar de estar machucado e ferido, meu coração não tinha sido subjugado.

Assim que fui desamarrado, fui até o capitão, que deu ordens aos homens para que me colocassem em segurança na proa do navio e não me permitisse chegar perto dele novamente. Eu estava tão ferido com minhas contusões e meus cortes que não pude fazer nada vários dias.

O capitão, durante os dias em que estive enfraquecido, me enviou bons mantimentos de sua própria mesa, sem dúvida para se reconciliar comigo após os erros cruéis que me infligiu, mas isso foi em vão. Eu não tinha pressa para voltar a trabalhar, já que frequentemente, antes disso, ele me fez ser chicoteado por não fazer o que precisaria de três homens para fazer, de modo que agora eu me sentia inclinado a deixá-lo sem a minha colaboração.

A escravidão é ruim, a escravidão é errada. Este capitão fez muitas coisas cruéis que seriam horríveis de relatar, ele ameaçava as escravas com grande crueldade e barbaridade, tudo tinha que ser do modo dele, ninguém o convencia de nada; ele era o "monarca sobre todos que controlava", o "Rei da casa flutuante", ninguém ousava contradizer o seu poder ou controlar a sua vontade. Mas virá o dia em que seu poder será dado a outro e da sua mordomia ele deverá prestar contas, mas o que ele dirá por seus crimes cometidos nos corpos contorcidos dos miseráveis desgraçados de quem não tinha pena, dos quais era encarregado, quando seu reinado terminar e ele for chamado a prestar contas, como ele fará? E qual será o seu destino? Só saberemos quando o grande livro for aberto. Que Deus possa perdoá-lo (em sua misericórdia infinita) pelas torturas infligidas sobre os seus companheiros, apesar da pele diferente.

As primeiras palavras em inglês que meus dois companheiros e eu aprendemos era F-R-E-E[88]; um inglês nos ensinou a bordo, e ah! Quantas vezes eu a repetia, inúmeras vezes. Este mesmo homem me contou muitas coisas sobre a cidade de Nova York (ele sabia falar português). Ele me contou como as pessoas de cor em Nova York eram todas livres e isso me deixou muito feliz e eu ansiava pelo dia quando eu chegaria lá. Finalmente, esse dia chegou, mas não foi fácil para dois rapazes e uma mulher, que só sabiam falar uma palavra em inglês, escapar, não tendo, como supúnhamos, amigos para nos ajudar. Mas Deus era nosso amigo, como isso se demonstrou no final, e fez muitos amigos aparecerem para nós em uma terra estranha.

O timoneiro a bordo do nosso navio nos tratava muito gentilmente, ele parecia diferente de qualquer pessoa que eu já tinha visto antes e essa pequena circunstância nos deu coragem. No dia seguinte, muitas pessoas de cor subiram a bordo do navio

---

[88] Livre em inglês.

e perguntaram se éramos livres. O capitão nos tinha dito anteriormente para não dizermos que éramos escravos, mas não atendemos ao seu desejo e ele, vendo muitas pessoas subindo a bordo, começou a temer que a sua propriedade entendesse que deveria agir e escapar, então ele nos informou muito prudentemente que Nova York não era lugar para desembarcarmos - que era um lugar muito ruim e assim que as pessoas nos pegassem, iriam nos matar. Mas quando estávamos sozinhos, concluímos que esta era a primeira oportunidade e chance de estarmos em um país livre.

    Certo dia, quando eu tinha bebido bastante vinho, fui imprudente o suficiente para dizer que não ficaria mais a bordo, que iria ser livre. O capitão, ouvindo isso, me chamou lá em baixo e ele e outros três tentaram me prender, mas não conseguiram, mas acabaram conseguindo me trancar em um cômodo na proa do navio. Fiquei ali confinado por vários dias. O homem que trazia a minha comida batia na porta e, se eu dissesse para entrar, ele entrava, caso contrário ia embora e eu ficava sem comida. Em certa ocasião, eu disse a ele que não ficaria preso ali por mais um dia na minha vida, que sairia e como havia algumas peças de ferro no cômodo, à noite eu peguei uma delas, que era uma barra, com cerca de 60 centímetros[89] de comprimento, com a qual arrombei a porta e saí. Todos os homens estavam ocupados no trabalho e a esposa do capitão estava de pé no convés quando eu subi, após sair da minha prisão. Eu os ouvi se perguntando uns ao outros quem tinha me deixado sair, mas ninguém sabia dizer. Eu me curvei diante da esposa do capitão e fui para o lado do navio. Havia uma prancha ligando o navio até a terra firme. Eu passei por ela e corri como se fosse pela minha vida, obviamente sem saber para onde estava indo. Fui observado em minha fuga por um vigia que era bastante manco, ele tentou me parar, mas me livrei dele e

---

[89] Dois pés, no texto em inglês.

continuei até chegar em uma loja e, diante da porta dela, parei por um momento para recuperar o fôlego. Eles me perguntaram qual era o problema, mas eu não sabia responder, já que não sabia nada de Inglês, exceto a palavra "free". Logo depois, o vigia manco e outra pessoa vieram até mim. Um deles tirou uma estrela brilhante do bolso e me mostrou, mas eu não sabia o que era aquilo. Então fui levado para a câmara de observação e passei a noite ali, mas na manhã seguinte, quando o capitão foi chamado, ele pagou as despesas e me levou de volta ao navio. Os policiais me disseram que eu deveria ser um homem livre, se eu quisesse, mas eu não sabia como agir, então depois de um pouco de persuasão, o capitão me induziu a voltar com ele, dizendo que eu não precisava ter medo. Isso foi em um sábado e, na tarde da segunda-feira seguinte, três carruagens se aproximaram e pararam perto do navio. Alguns senhores saíram delas e subiram a bordo e caminharam sobre o convés, conversando com o capitão, dizendo a ele que todos a bordo estavam livres, pedindo-lhe para içar a bandeira[90]. Ele ficou avermelhado e disse que não iria fazê-lo e ficou muito enraivecido e praguejou consideravelmente. Depois fomos levados em suas carruagens, acompanhados pelo capitão, até uma construção muito bonita com um pórtico esplêndido na frente, a entrada para a qual era feita através de uma escada com degraus de mármore e era rodeada de grades de ferro puro com portões em vários pontos, o interior decorado com árvores e plantas de vários tipos. Pareceu-me um lugar lindo, como eu nunca tinha visto antes. Depois fiquei sabendo que este edifício

---

[90] As informações publicadas nos jornais americanos da época, em 12 de julho de 1847, diferem um pouco dos relatos de Baquaqua. Os jornais dizem que houve uma fuga de três escravos do navio Lembrança, logo depois abolicionistas e negros se reuniram na rua Roosevelt, em local próximo onde o navio Lembrança estava ancorado. Os jornais também dizem que escravos foram removidos do navio por abolicionistas e levados para o tribunal no dia seguinte, sábado. Provavelmente, Baquaqua confundiu um pouco os fatos.

era a Prefeitura de Nova York. Quando chegamos no salão do prédio, havia todos os tipos de pessoas por todos os lados e várias pessoas estavam nas portas e degraus e no jardim: alguns conversando, outros apenas caminhando lentamente indo e vindo e passando o tempo. O cônsul brasileiro[91] estava lá e quando fomos chamados, me perguntou se queríamos permanecer lá ou voltar ao Brasil. Respondi por mim e pelo meu companheiro que não queríamos voltar, mas a escrava que estava conosco disse que voltaria. Eu não tenho dúvida de que ela preferia ficar, mas vendo o capitão lá, ficou intimidada e assim como o homem, ficaram com medo de falar o que pensavam, mas eu falei com ousadia que preferia morrer do que voltar à escravidão! Depois de muitas perguntas feitas e respondidas, fomos levados para o que eu suponho que fosse uma prisão e fomos trancados ali. Alguns dias depois, fomos levados novamente para a prefeitura e nos fizeram muito mais perguntas. Fomos então levados de volta para a prisão, que eu supus que era para preparar para nos enviar novamente ao Brasil, mas não tenho certeza, já que não conseguia entender todas as cerimônias de nos trancar e nos destrancar, nos levar até o tribunal e nos fazer perguntas e nos mostrar para a audiência ali reunida - tudo isso era novidade para mim, portanto, eu não conseguia compreender completamente o significado disso tudo, mas temia muito que estivéssemos prestes a ser devolvidos à escravidão - eu tremia ao imaginar essa possibilidade! Enquanto estávamos novamente presos, alguns amigos que se interessaram muito por nossa causa conseguiram um meio de deixar as portas da prisão abertas enquanto o guarda dormia e não encontramos dificuldade para passar por ele e, conquistando mais uma vez o "ar puro do céu", através da ajuda desses amigos, os quais nunca esquecerei,

---

[91] Posteriormente, na disputa jurídica no tribunal, o Cônsul brasileiro foi contra a permanência de Baquaqua livre nos Estados Unidos. Nada importava para ele que Baquaqua tivesse entrado no Brasil ilegalmente.

consegui chegar à cidade de Boston, em Massachusetts e fiquei ali protegido por eles por cerca de quatro semanas, quando foi concordado que eu deveria ser enviado para a Inglaterra ou para o Haiti e foi perguntado o que eu preferia e após pensar por algum tempo, escolhi o Haiti já que o clima era mais parecido com o da minha nação e seria melhor para a minha saúde e meus sentimentos. Eu não sabia exatamente que tipo de lugar era a Inglaterra ou talvez tivesse preferido ir para lá, especialmente depois que soube que praticamente todos os ingleses são amigos dos homens negros e que eles têm feito muito pelo meu povo, para o seu progresso, para o seu bem-estar e continuam promovendo a antiescravidão e outras boas causas. Decidi ir para o Haiti e, assim, passagens foram conseguidas gratuitamente para nós[92] e provisões consideráveis foram reunidas para o meu uso durante a viagem.

---

[92] Como Baquaqua relata no capítulo seguinte, ele foi para o Haiti acompanhado por outro ex-escravo do Brasil que escapou do navio Lembrança, onde ali também passaram maus momentos.

Capítulo 12

Haiti e Cristianismo

Havia a bordo um homem de cor chamado Jones, que falava espanhol muito bem. Durante a viagem, ele fez um grande esforço para me instruir e para me dar ideias corretas de coisas sobre as quais eu tinha uma noção muito absurda. Por exemplo, quando uma pessoa caminha sob o sol, vê a sua sombra; essa sombra, eu tinha sido levado a acreditar, era a alma do homem sobre a qual eu tinha ouvido falar muitas vezes e que, quando o corpo morria, a alma (isto é, a sombra) ia para o céu e o corpo ficava na terra. A explicação da sombra que ele me deu me intrigou muito, mas a solução do mistério me agradou e comecei a me sentir orgulhoso pelo meu aprendizado.

Ocasionalmente, eu trabalhava para o capitão em nossa viagem para o Haiti. Quando cheguei ao Haiti, me senti livre, como de fato era. Não há escravidão lá, mas todos os que moram lá são pessoas de cor. Eu não sabia uma palavra da língua deles, que era crioula, nem sabia para onde ir ou o que fazer! No entanto, fomos inicialmente para a casa do Imperador, que foi muito gentil conosco. Um dos generais do Imperador, chamado De Pe, um mulato, me deu muito para comer e beber e à noite me permitiu deitar com os seus cavalos nos estábulos, mas os mosquitos me atormentaram muito, incomodando demais. Frequentemente, ele me dava uísque e conhaque para beber e era muito gentil comigo em todos os sentidos. Esses favores eram realmente grandes para mim (embora insignificantes em si mesmos em outras circunstâncias), considerando a minha posição. Eu ia de casa em casa como "um estranho em uma terra estranha", sem conseguir falar uma palavra da língua do povo e, o que era pior de tudo, não tinha um tostão para comprar, nem mesmo um pedaço de pão, para atender aos desejos de meu estômago. Finalmente, um homem negro dos Estados Unidos me contratou para trabalhar para ele como cozinheiro em sua casa, mas ele era um homem muito mau e eu não quis ficar com ele por muito tempo. À noite, ele me levava pelas escadas até o andar de cima e apontava para o chão onde eu deveria dormir, embora houvesse uma cama em um canto do quarto, mas assim que ele virava as costas, eu deitava na cama e dormia profundamente até de manhã. Quando ele descobriu que eu tinha dormido na cama, me bateu muito e me deu ordens para não repetir aquilo, mas na noite seguinte eu fiz o mesmo de novo e por isso ele me sacudiu violentamente e me jogou para fora pela porta. Então me tornei novamente um andarilho sem lar. Dormi nas ruas por várias noites e fiquei doente, de forma que quando caminhava eu parecia estar bêbado, porque a minha cabeça estava tonta com a fraqueza do meu corpo. Eu ia de casa em casa e as pessoas não me entendiam, mas pensavam que eu estava bêbado. Quando o general De Pe ficou sabendo de mim, meu companheiro de infortúnio[93] foi até os Missionários Batistas, conversou com o Rev. Sr. Judd e contou-lhe nossas circunstâncias, dizendo que éramos dois escravos do Brasil e perguntou se não poderia fazer algo por nós. Então o Sr. Judd concordou em me contratar, com o que fiquei muito entusiasmado.

    Permaneci com ele por mais de dois anos e um homem melhor ou mais cristão do que o Sr. Judd, na minha opinião, não pode ser encontrado. Ele me tratou com toda bondade. A cor para ele não era nenhuma razão para maus tratos. Também nunca esquecerei a bondade da sua boa senhora. Durante a minha servidão, ela sempre se comportou comigo como um cristão deve se comportar. Eu a adorei por sua bondade, embora nem sempre eu me comportei como eles mereciam. Devo confessar, às vezes, eu os tratei muito mal. Eu não sentia muita

---

[93] O outro ex-escravo que foi com ele para o Haiti

gratidão naquela época. Muitas vezes eu me embebedava e era abusivo com eles, mas sempre ignoravam o meu mau comportamento e, quando a Sra. Judd tentava me convencer a ir para casa e me comportar, eu discutia com ela e dizia não.

Depois da minha conversão ao Cristianismo, parei de beber e com todos os outros tipos de vícios. Pouco antes de eu sair do Haiti, uma celeuma foi feita ali para a inscrição na milícia e, sendo contrário ao espírito de guerra, assim como eram meu mestre e sua esposa, concordamos que eu deveria deixar o Haiti. Por isso, eles me deram uma passagem a bordo de um navio com destino a Nova York, para que eu me instruísse e fosse ao meu próprio povo na África, para pregar o Evangelho de boas novas de alegria para os meus conterrâneos ignorantes que atualmente são crentes no falso profeta Maomé.

Um livro publicado em Utica, no estado de Nova York, e intitulado *Facts for Baptist Churches*, pelo Sr. A. T. Foss, de New Hampshire, e. Mathews, de Wisconsin, fala assim de mim:

> "Depois de suportar o jugo no Brasil por dois anos, ele fugiu e procurou refúgio nesta terra de que se orgulha por sua liberdade e filantropia, mas esse refúgio ele procurou aqui em vão. Saindo, consequentemente, do nosso litoral, através de uma providência benévola, ele foi levado à cidade de Port au Prince, no Haiti, e às hospitalidades cristãs de Wm. L. Judd. Nosso missionário o recebeu de bom grado e enquanto lhe deu um lar e confortos temporais, não deixou de instruí-lo na religião do Evangelho. A instrução era para ele como a vida para os mortos e o seu coração sentiu seu poder. Ele viu e reconheceu a sua capacidade de se adaptar ao seu caso como pecador. E curvou-se à autoridade. Ele se alegrou com a

sua verdade, tornando-se um discípulo de seu Autor Divino ".

A cena do batismo, quando Mahommah depositou publicamente a sua confiança em Cristo, é descrita assim pelo Sr. Judd. A passagem seguinte é retirada de *Christian Contributor*.

> "A experiência dele antes da Igreja foi muito comovente. Algumas pessoas, não professantes da religião, choram ao ouvi-la. Ele é dotado de uma alma tão nobre por natureza que conquista todos de uma só vez, nos movimentos de seus sentimentos benevolentes e a expressão desses sentimentos nobres em um estilo tão simples e quebrantado como o dele é realmente comovente. Agora, ele parece tomado por um desejo muito grande de trabalhar pela salvação de almas -- fala muito sobre a África e ora ardentemente que o povo africano possa receber o Evangelho – sonha frequentemente em visitar Kaskua, [94] acompanhado por 'um bom homem branco', como chama o missionário, e ser bem recebido por sua mãe. Ele estava pedindo o batismo há um bom tempo, quando achei que não mais podia recusá-lo. Fomos para a praia muito cedo pela manhã, acompanhados por uma congregação mista. Após cantar e orar em francês, fiz um discurso por cerca de 20 minutos, principalmente extemporâneo, com base em *Les usages pratiques, de l'ordannance du baptême* sobre os usos práticos de batismo,

---

[94] Katsina

inspirada em Romanos 6: 1-4. Depois disso, orei em inglês para o benefício especial de Mahommah. Ao descer suavemente até chegar a uma profundidade suficiente de água, perguntei-lhe se ele queria agora se dedicar inteiramente a Deus e ao bem do mundo. Ele respondeu, 'Ó sim, Sr. Judd, eu quero fazer tudo para Deus, tudo para o bem '. Nas águas do grande oceano, que banha a África e o Haiti, que se movem em sua liberdade eterna, sepultei-o com Cristo no batismo, na esperança de que ele possa renascer na superfície como um mensageiro de piedade na terra escura de seu nascimento."

Capítulo 13

Faculdade nos Estados Unidos

Abordarei rapidamente a viagem de Port au Prince para Nova York e relacionarei os incidentes ocorridos nela tão brevemente quanto possível. Tivemos uma viagem bem complicada, com ventos frontais praticamente durante todo o trajeto. Na verdade, os ventos sopraram desde que deixamos o Haiti até chegarmos a um porto do sul nos Estados Unidos da América, onde fomos obrigados a aportar devido às condições climáticas. A esposa do Sr. Judd me acompanhava na minha viagem, visitando os Estados Unidos, onde seus pais residiam.

Quando a embarcação aportou, um senhor de escravos subiu a bordo e, ao me ver, perguntou se eu estava à venda, comentando que eu era provavelmente negro, devido ao tom da minha pele, já que a minha pele era escura demais.[95] No mar, tivemos condições climáticas muito extremas, com o navio balançando e inclinando de forma bem temerosa. Fizemos orações a bordo, mas não temíamos a fúria dos mares, já que a nossa confiança estava depositada Nele "que acalma os mares e aplaca a tempestade". A minha senhora gostava muito de mim e disse que não se sentia inquieta de jeito algum, enquanto Mahommah estivesse perto dela. Ela confiava muito em mim, não que eu pudesse salvá-la em caso de naufrágio, mas suponho que se sentia mais tranquila me conhecendo, já que eu tinha ficado perto dela tanto tempo e a servido fielmente.

---

[95] Não era raro nesses anos nos Estados Unidos, inclusive em Nova Iorque, que ex-escravos livres fossem sequestrados e vendidos novamente como escravos. Isso aconteceu com Solomon Northup, conforme ele relatou em sua biografia *Twelve Years a Slave: Narrative of Solomon Northup* publicada em 1853.

No entanto, o tempo logo melhorou e, mais uma vez, partimos com um bom vento e logo estávamos no nosso curso para a cidade de Nova York novamente, onde chegamos em um sábado. No dia seguinte, um dos marinheiros que tinha demonstrado grande amizade por mim durante a viagem, ficou muito chateado comigo. Como ele estava prestes a ir para terra, eu apenas lhe disse: "dê os meus respeitos a sua esposa", já que ele tinha sido tão gentil comigo. O que eu disse tinha a intenção apenas de ser algo educado, mas (eu soube depois que) ele tinha bebido. E ele entendeu completamente errado, me chamou de "nigger"[96] e jurou que iria me dar uma surra. À noite, quando voltou a bordo, estava muito bêbado e se comportou com grande violência, jurando que iria quebrar minha cabeça com um pedaço de pau que ele balançou perto da minha cabeça. Eu tinha colocado as cadeiras ao redor da mesa para o jantar, como de costume, quando ele falou que ele não tinha a intenção de sentar-se com um "nigger". Depois, se acalmou e sentou-se e comeu como um cristão, mas isso só ocorreu depois que eu mostrei um pouco do meu lado feio e ameacei bater nele e então ele ficou quieto. Quando viu que não devia brincar mais comigo, cedeu e se comportou como um bom homem, mas só porque ele se viu obrigado.

---

[96] Palavra que foi usada por um tempo como sinônimo de negro na língua inglesa, mas que ao longo do século XX passou a ser considerada ofensiva e por volta de meados do século XX se tornou um termo racista extremamente ofensivo nos Estados Unidos e foi deixando de ser usada. Ela foi inicialmente substituída pela palavra "black" mas, principalmente a partir dos anos 1990, vem sendo substituída por "African American" nos Estados Unidos, influenciando o Brasil no termo "afro-brasileiro" que passou a ser adotado há alguns anos. A razão do termo "nigger" ter adquirido uma conotação ofensiva é que pessoas parcialmente negras nem sempre admitiam ser chamadas de "nigger". Um bom exemplo sobre a conotação negativa que o termo adquiriu ao longo do século XX se vê no clássico de Agatha Christie lançado em 1939 chamado de "Ten Little Niggers" (O Caso dos Dez Negrinhos) que teve que mudar de nome em inglês.

Segui o ensinamento da Escritura que diz para ser "sábio como as serpentes e inofensivo como as pombas", não querendo de forma nenhuma bater nele, apenas acalmá-lo. A minha sabedoria veio em primeiro lugar, não sendo necessário mostrar nenhum outro espírito diferente de um inofensivo. Achei a minha "sabedoria" suficiente para o caso naquele momento.

Chegamos com segurança à costa em Nova York e, em pouco tempo, estávamos a caminho de Albany, onde pegamos as carruagens para a casa da mãe da Sra. Judd, que estava próxima, um pouco distante de um vilarejo chamado Milford, no Estado de Nova York. Chegamos a Milford pela manhã no dia seguinte e fui enviado para a casa, enquanto a Sra. Judd ficou na taverna para conseguir um meio de transporte para levá-la. Quando cheguei na casa da mãe dela, eu tinha a intenção de impressioná-los fazendo-os acreditar que era um fugitivo, mas conforme faziam perguntas de natureza positiva para mim, eu só conseguia dar respostas positivas. Eu disse a ela que eu vinha do Haiti e ela imediatamente supôs quem eu era, já que histórias eram frequentemente enviadas para ela em papéis impressos[97] por sua filha e ela me perguntou se eu era Mahommah e eu disse que era. Ela queria saber como eu tinha chegado a América, quem tinha me trazido. Eu contei a ela, mas quando foram dadas as ordens para os cavalos, eu voltei para a minha senhora, que mais uma vez logo se encontrava abraçada por sua boa mãe. Mais uma vez, mãe e filha tinham se encontrado, depois de terem sido separadas pelos mares por uma distância tão grande.

Fiquei ali por cerca de quatro semanas, depois fui para Meredith, no condado de Delaware, entre as Missões Livres, para ver se aceitariam a tarefa de me educar e concordaram imediatamente em fazê-lo. Um cavalheiro chamado Dalton foi extremamente gentil comigo e assumiu o meu caso com os

---

[97] Provavelmente impressos em *Christian Contributor and Free Missionary*.

amigos das missões. Eles, então, me enviaram para McGrawville, no momento em que C. P. Grosvenor era o Presidente da Faculdade, que foi muito gentil comigo e me tratou muito bem, me considerando em todos os sentidos um semelhante e um cavalheiro.

Fiquei quase três anos na faculdade e, durante esse tempo, fiz grande progresso em aprendizagem, antes de sair da faculdade. A minha professora, a senhorita K. King, redigiu as seguintes linhas, que foram faladas por mim, diante do departamento principal da faculdade.

TEXTO FALADO POR MAHOMMAH

Não se pode esperar que alguém de minha raça,
Com cabelo lanoso e rosto escuro,
E com conhecimento escasso
Desperte o interesse de seus amigos na faculdade.
Mas farei o melhor que puder
Para provar que quero ser um homem.
É verdade, o trabalho escravo desgastou meus membros,
É verdade, minhas costas o flagelo suportou,
Mas não é verdade que o poder do tirano
Conseguiu fazer meu coração se acovardar.
Não! Ele era livre, assim como era quando eu brincava
Sob a sombra das minhas palmeiras nativas.

Oh! África, minha terra natal,
Quando hei de te ver, resignadamente,
Sob a bandeira do meu Deus,
E regida por Sua Santa Palavra?

Quando hei de ver a vara do opressor
Arrancada da mão dele, ó meu Deus misericordioso?

Oh! Quando hei de ver meus irmãos
Desfrutarem as doçuras da liberdade?

Amigos do escravo esmagado e sangrento,
Peçam a Deus piedade! Que Deus salve!!
Pois toda a ajuda do homem é em vão,
Já que o homem forjou a corrente para o homem.
Oh Pai Justo, tu és justo,
Para ti eu olho, em ti confio;
Oh, que o teu espírito gracioso possa suportar
O gemido do africano, a oração do africano,
Até o teu trono imaculado no alto,
Onde tudo é alegria, paz e amor,
Em nome de Jesus, oh! Salve os oprimidos
E deixe que suas almas encontrem descanso no céu.

  Enquanto eu estive na faculdade, alguns dos jovens senhores lá que não gostavam completamente da minha cor, faziam muitas piadas sobre mim e tentavam me fazer alguma traquinice com os diretores. Fizeram todos os tipos de amolação comigo. Quando eu estava distante, eles espalhavam meus livros e papéis por toda a sala e empilhavam meus livros. Eles também entupiam o tubo do meu calefator com fragmentos, de modo que quando eu tentava acender um fogo, o cômodo ficava cheio de fumaça, mas sobre essas questões, era necessário apenas me queixar no momento certo e tudo era resolvido. Mas eu não gostava de ficar reclamando continuamente deles, então suportei em silêncio muitas brincadeiras de mau gosto deles. Eu não saberia dizer por que me atormentavam assim, exceto por não gostarem da minha cor e que eu era um sujeito indicado para eles gastarem o humor brincalhão deles.

Depois que saí da faculdade, fui para as Missões Livres[98], onde fiquei por um curto período de tempo e obtive mais aprendizagem ali. Fui para a escola em Freetown Corner, sob a direção das missões. Vivi com o meu professor, trabalhando ocasionalmente para o meu quadro de diretores durante a minha estadia ali. Eu tinha um quarto só para mim e, como era frio, eu sempre precisava de fogo para aquecer, mas não havendo forma do tubo do calefator passar pela chaminé, uma senhora sugeriu que eu deveria tirar uma parte do vidro da janela e colocar o tubo do calefator pela abertura, o que fiz, e isso serviu muito bem ao propósito, até um dia muito ventoso, quando o vento soprou para dentro pela abertura e fez com que o meu quarto se enchesse de fumaça. Como remediar esse mal, eu não sabia exatamente, mas uma ideia engenhosa me surpreendeu. Fui até o armário e peguei um grande castiçal, que levei para fora e coloquei sobre o tubo, bloqueando a entrada do vento. Isso resolveu bem o problema mantendo o vento fora, mas à noite o meu quarto estava cheio com fumaça sufocante tão ruim como antes: o remédio foi tão ruim quanto a doença. Eu não tinha pensado em fazer a fumaça sair. Tinha pensado apenas que o vento entrando pelo tubo impedia a fumaça de sair, consequentemente, meu plano era adotar algum método para manter o vento fora, o que fiz eficazmente. Assim, um homem pode adquirir conhecimento, pouco a pouco, e se tornar muito inteligente em algumas coisas, não obstante possa se atrapalhar em suas ideias com a coisa mais simples que se possa imaginar. Homens mais inteligentes e sábios que Mahommah fizeram coisas mais tolas que essa.

---

[98] Em 1843, os batistas no norte dos EUA formaram a American Baptist Free Mission Society para combater a escravidão. Em 1844 houve uma divisão nessa organização, já que alguns dos membros não aceitavam ex-escravos como missionários.

Capítulo 14

Canadá

Posteriormente, voltei para McGrawville, onde fiquei por pouco tempo, até quando tive o desejo de conhecer as maneiras e os costumes dos povos que vivem sob o governo da rainha Vitória, de quem eu tinha ouvido falar tanto, e acabei induzido a ir para o Canadá, onde permaneci por pouco tempo. Como foi muito agradável a recepção que tive ali, fiquei imediatamente determinado a me tornar um indivíduo de sua Majestade e, para este propósito, fui ao escritório adequado, fiz o juramento de fidelidade e obtive meus papéis de naturalização, sem qualquer dificuldade.

Fui bem tratado por todas as classes de pessoas em todos os lugares onde fui e devo dizer em meu coração que nunca esperei receber de uma nação tão distante da minha casa nativa tanta bondade, atenção e humanidade. Sou grato a Deus que desfruto as bênçãos da liberdade, em paz e tranquilidade e que agora estou em uma terra onde "ninguém ousa a me amedrontar", onde todo homem é livre para "sentar-se debaixo da sua videira e debaixo da sua figueira:" onde cada homem agindo como homem, não importa a sua cor, é considerado um irmão, e onde todos são igualmente livres para fazer e dizer o que querem.

Sendo assim, cercado por amigos, e capaz de desfrutar a bênção da liberdade pacífica, cheguei à conclusão de que havia chegado o tempo quando eu poderia colocar no papel, com propriedade, tudo o que foi relatado no presente trabalho e quando chegar o dia que, de uma forma, eu puder ser útil para a regeneração da minha própria nação amada, estarei pronto para dizer "eu vou" e que Deus em sua infinita sabedoria apresse esse dia, é o que pede em oração constante e fervorosa este indivíduo, cujos sofrimentos e torturas, espera-se, possam ainda convencer os ouvidos e corações à sensibilidade.

Se houver um chamado para que Mahommah retorne à sua terra natal, ele aceitará com alegria e certamente os seus amigos desejarão ajudá-lo em seu propósito benevolente.

MAHOMMAH GARDO BAQUAQUA

Apêndice A
Oração de Mahommah pelos oprimidos

Oh grande Jeová, Deus de amor
Tu, monarca da terra e do céu,
Podes de teu grande trono no alto
Olhar para baixo com um olho impiedoso?

Ver a vida sofrida dos filhos e filhas da África,
Dia após dia, ano após ano,
Sobre este solo encharcado com sangue
E não ouvir os seus gritos?!

Podes abençoar o opressor branco
Com colinas verdejantes e planícies frutíferas,
Independentemente do sofrimento do escravo
Desatento às correntes do homem negro?

Quanto tempo (passará) oh Senhor, até que tu queiras falar
Na tua voz trovejante, Todo-Poderoso,
Para ordenar que os grilhões do opressor se rompam
E os filhos de Etiópia alegrar?

Por quanto tempo deve o punho de ferro da escravidão
E a mão culpada do preconceito
Enviar, como sabujos que impedem a fuga,
perseguições horríveis sobre a terra?

Por quanto tempo devem insignificantes mortais ousar
Violar o teu decreto justo
E forçar os teus semelhantes a usarem
A irritante corrente em terra e mar?

Apressa, ó Senhor, o tempo glorioso
Quando em todo lugar sob os céus,
Em todas as terras e em todos os climas,
Hinos à liberdade se elevarão!

Quando o sol brilhante da liberdade
Resplandecerá sobre toda terra despótica
E toda a humanidade, livre,
Adorará as maravilhas da tua mão.

Apêndice B
Números

Afo[99]	1	Awarranzachineako	38	Wayeachinego	75
Ahinka	2	Awarranzachinega	39	Wayeachinedo	76
Ahiza	3	Waytoche	40	Wayeachinea	77
Attoche	4	Waytochechinefaw	41	Wayeachineako	78
Ahgo	5	Waytochechineka	42	Wayeachinega	79
Aido	6	Waytochechineza	43	Wako	80
Aea	7	Waytochechintoche	44	Waykochinefaw	81
Aeako	8	Waytochechinego	45	Wakochineka	82
Aega	9	Waytochechinedo	46	Wakochineza	83
Longe	10	Waytochechinea	47	Wakochintoche	84
Awaychinefaw	11	Waytochechineaka	48	Wakochinego	85
Awaychineka	12	Waytochechinega	49	Wakochinedo	86
Awaychineza	13	Waygodada	50	Wakochinea	87
Awaychinetache	14	Waygochinefaw	51	Wakochineako	88
Awaychinago	15	Waygochineka	52	Wakochinega	89
Awaychinedo	16	Waygochineza	53	Wayga	90
Awaychinea.	17	Waygochintoche	54	Waygachinefaw	91
Awaychineako	18	Waygochinego	55	Waygachineka	92
Awaychinego.	19	Waygochinedo	56	Waygachineza	93
Awarranka	20	Waygochinea	57	Waygachintoche	94
Awarrankachnefaw	21	Waygochineako	58	Waygachinego	95
Awarrankachineka	22	Waychinaga	59	Waygachinedo	96
Awarrankachnega	23	Waydo	60	Waygachinea	97
Awarrankachintache	24	Waydochinefaw	61	Waygachineako	98
Awarrankachinego	25	Waydochineka	62	Waygachinega	99
Awarrankachinedo	26	Waydochineza	63	Zongfawdaday	100
Awarrankachinea	27	Waydochintoche	64		
Awarrankachineake	28	Waydochinego	65		
Awarrankachinega	29	Waydochinedo	66	Zongeka	200
Awarranza	30	Waydochinea	67	Zongeza	300
Awarranzachinefaw	31	Waydochineako	68	Zongtoche	400
Awarranzachineka	32	Waydochinega	69	Zonggo	500
Awarranzachineza	33	Wayea	70	Zongedo	600
Awarranzachintoche	34	Wayeachinefaw	71	Zongea	700
Awarranzachinego	35	Wayeachineka	72	Zongeako	800
Awarranzachinedo	36	Wayeachineza	73	Zongega	900
Awarranzachinea	37	Wayeachintoche	74	Zongway	1000

---

[99] Baquaqua não informa a língua, mas trata-se do dialeto Dendi.

Apêndice C

O navio-negreiro descrito por Equiano

A autobiografia escrita por Olaudah Equiano (1745-1797), ex-escravo que comprou a sua liberdade aos 21 anos após dez anos de escravidão nos continentes africano e americano e se tornou autor e abolicionista na Grã-Bretanha, inclui uma impressionante descrição do que era o navio negreiro. Há poucas descrições de um navio negreiro feitas por escravos que viajaram nele e a de Equiano é uma das mais conhecidas e uma das melhores. Por essa razão, apresento em seguida a tradução do trecho contido no segundo capítulo da sua autobiografia[100] onde o autor descreve sua perplexidade com o navio negreiro, onde havia 245 escravos sendo transportados, as condições da viagem transoceânica e as suas primeiras impressões ao desembarcar na Ilha de Barbados:

As primeiras coisas que me chamaram a atenção quando cheguei à costa foram o mar e um navio negreiro, que estava

---

[100] A autobiografia de Equiano foi publicada originalmente em Londres em 1789 e se tornou um best-seller por volta de 1792, tendo sido traduzida em várias línguas, como alemã, russa, francesa, espanhola, mas nunca para a portuguesa. Ela foi a primeira narrativa de um escravo influente que depois se tornou um gênero literário. De acordo com o organizador da obra *The Life of Olaudah Equiano, or Gustavus Vassa, the African* publicada pela Dover Publications em 1999, a obra de Equiano teve um peso na criação do Ato contra o Comércio de Escravos de 1807, no Império Britânico, a primeira lei que aboliu o comércio de escravos, que iria influenciar o Congresso de Viena em 1815 e certamente na exigência britânica para o Brasil interromper o tráfico em 1822. No Ato XV, anexo à ata final do Congresso de Viena, as potências reunidas reconheciam que o tráfico de escravos é repugnante aos princípios da humanidade e de moralidade universal. Hoje, uma estátua em Londres presta homenagem a Equiano.

ancorado, aguardando a sua carga. Tudo isso me maravilhou, sentimento que logo foi convertido em terror, quando fui levado a bordo. Imediatamente, fui apalpado e jogado para o alto por alguns membros da tripulação para verem se eu era saudável e, naquele momento, acreditei que tinha chegado em um mundo de espíritos maus e que iam me matar. A aparência deles era muito diferente da nossa: os cabelos compridos e a língua que falavam (que era muito diferente de tudo que eu já tinha ouvido) se uniram para reforçar a minha crença. De fato, tamanhos eram os horrores das minhas visões e os meus medos no momento que, se eu fosse extremamente rico, teria dividido com eles tudo o que tinha para trocar a minha condição pela do pior escravo da minha nação[101]. Quando percorri o navio com os olhos e vi uma grande fornalha de cobre fervendo e muitas pessoas negras com diferentes descrições acorrentadas juntas, cada uma com seu semblante expressando desânimo e tristeza, não mais duvidei do meu destino e, bastante dominado pelo horror e pela aflição, fiquei sem ação no convés e desmaiei. Quando despertei, havia pessoas negras ao meu redor, que acho que eram algumas das que me levaram a bordo e tinham recebido o pagamento delas; conversavam comigo para me animar, porém em vão. Perguntei se não seria devorado por aqueles homens brancos com aparência horrível, com seus rostos vermelhos e cabelos soltos e eles me disseram que não. Um membro da tripulação me trouxe um pouco de bebida alcoólica em um cálice de vinho mas, com medo dele, não peguei o cálice de sua mão. Então, um dos negros o tomou dele, me deu e bebi um pouco mas, em vez de me reanimar, como pensaram, me lançou na consternação mais profunda com o sentimento estranho que produziu, já que eu nunca tinha bebido uma bebida alcoólica antes. Depois disso, os negros que me trouxeram a bordo saíram e me deixaram

---

[101] Os relatos e biografias de ex-escravos indicam que apesar da escravidão praticada por africanos existir na África há séculos, ela era muito menos sofrida e violenta do que a escravidão nas Américas.

abandonado ao desespero. Naquele momento, me vi desprovido de chances de voltar à minha nação de origem ou mesmo ter o mínimo vislumbre de esperança de chegar à praia, que eu agora considerava amiga e até mesmo desejei a minha escravidão antiga[102] como preferida em relação à situação atual, que estava plena de horrores de todos os tipos, reforçada ainda por ignorar o que estava por acontecer. Eu não tinha sofrido o suficiente para me deixar levar pelo sofrimento; logo eu seria confinado sob o convés e ali minhas narinas entrariam em contato com um odor que eu nunca tinha sentido em minha vida: assim, com a repugnância do fedor e chorando ao mesmo tempo, fiquei tão enjoado e deprimido que não conseguia comer, nem tinha a menor vontade de sentir o sabor de nada. Eu desejava agora que minha última amiga, a morte, me aliviasse; mas pouco depois, para a minha tristeza, dois homens brancos me deram algo para comer e, diante da minha recusa de me alimentar, um deles me agarrou pelas mãos e me deitou sobre o que acho que era o molinete da âncora e amarrou meus pés, enquanto o outro me flagelou intensamente. Eu nunca tinha passado por algo assim antes e, apesar de não estar acostumado com a água do oceano e naturalmente a temia desde a primeira vez que a vi, se eu pudesse superar as redes, eu teria pulado, pelo lado, mas não conseguia e, além disso, a tripulação observava muito de perto quem não estava acorrentado no convés, caso contrário nos jogaríamos na água: e vi alguns dos pobres prisioneiros africanos cortados muito seriamente [103] por tentarem fazer isso e chicoteados longamente por não comerem. De fato, essa era frequentemente a minha situação. Pouco tempo depois, entre os pobres homens acorrentados, identifiquei alguns da minha própria nação, o que, de certa forma, aliviou as minhas

---

[102] Na África, ele foi escravo por um período após a captura, como Baquaqua.
[103] No capítulo sobre o navio negreiro, Baquaqua relata: "Quando qualquer um de nós se rebelava, a sua carne era cortada com uma faca e pimenta ou vinagre era esfregado para acalmá-lo!"

angústias. Eu perguntei a eles o que seria feito de nós; eles me explicaram que seríamos levados para o país desses homens brancos para trabalhar para eles. Então fiquei um pouco aliviado e pensei que se não fosse pior do que trabalhar, a minha situação não era tão desesperadora: mas eu ainda temia que seria levado à morte, as pessoas brancas pareciam e agiam, como eu pensava, de forma muito selvagem, pois eu nunca tinha visto entre as pessoas esses casos de crueldade brutal e isso não era somente em relação a nós, negros, mas também em relação a alguns dos brancos. Particularmente, eu vi, quando permitiram que subíssemos ao convés, um homem branco ser flagelado tão impiedosamente com uma grande corda perto do mastro, que morreu em consequência disso e o lançaram como fariam com um animal. Isso me fez temer muito essas pessoas e eu não esperava nada menos do que ser tratado da mesma maneira. Eu expressava claramente os meus medos e apreensões para alguns dos homens de minha nação: perguntei a eles se essas pessoas não tinham país, se viviam neste local oco (o navio) e eles disseram que não, mas vinham de uma nação distante. "Então", eu disse, "como nunca ouvimos falar deles em nossa terra?" Eles me disseram que era porque eles viviam muito longe. Então perguntei onde estavam as mulheres deles e se tinham mulheres como eles. Disseram que sim. Eu perguntei: "por que não as vemos?" eles responderam "porque ficaram lá". Eu perguntei como a embarcação se movia e responderam que não sabiam, mas que havia tecidos colocados nos mastros com a ajuda de cordas e assim a embarcação se deslocava e os homens brancos lançavam algum feitiço ou faziam uma mágica na água quando queriam parar a embarcação. Eu estava muito impressionado com essa história e pensava que eles eram, na verdade, espíritos. Então eu desejava muito não ficar entre eles, porque acreditava que fossem me sacrificar: mas meus desejos foram em vão, porque estávamos tão enfurnados, que era impossível qualquer um de nós escapar. Enquanto estávamos na costa, eu fiquei principalmente no convés e, um dia, para minha grande perplexidade, vi uma dessas embarcações se aproximando com as velas içadas. Assim que os brancos a viram, eles gritaram, com o que nos espantamos e gritavam cada vez mais conforme a embarcação crescia, se aproximando. Finalmente, ela ancorou diante de meus olhos e, quando a âncora foi lançada, eu e meus conterrâneos, que vimos isso, estávamos muito admirados ao observar a embarcação parar e não ficamos convencidos que isso era feito através de magia. Logo depois, foram colocados barcos para fora na outra embarcação e eles vieram a bordo no nosso navio e as pessoas das duas embarcações pareciam muito felizes por se encontrarem. Alguns deles também apertaram as mãos conosco, negros, e fizeram movimentos com as suas mãos, significando o que suponho que devíamos ir para o país deles, mas não os entendíamos. Finalmente, quando o navio em que estávamos tinha pego toda a carga deles, eles fizeram muitos barulhos assustadores ao se preparar para a partida e fomos todos colocados sob o convés, de forma que não podíamos ver como administravam a embarcação. Mas esse desapontamento era o menor da minha tristeza. O fedor, enquanto estávamos na costa, era tão intoleravelmente repugnante, que era perigoso ficar ali por qualquer tempo e alguns de nós tinham recebido permissão para ficar no convés pelo ar fresco, mas agora que toda a carga do navio estava ali confinada, era absolutamente pestilencial. O lugar fechado e o calor do clima, adicionados ao número de pessoas no navio, que estava tão cheio que cada um de nós não tinha nem espaço para se virar direito, quase nos sufocava. Isso produzia perspirações copiosas, de forma que o ar logo ficava inadequado para respiração, tomado de odores nojentos e causava uma doença entre os escravos, da qual muitos morreram, vítimas de uma cobiça improvidente, como posso chamar, dos compradores. Essa situação deplorável era agravada pela situação desagradável das correntes, agora insuportável, e pela imundície das banheiras necessárias, nas quais as crianças caíam muitas vezes, onde eram quase sufocadas. Os gritos das mulheres e os gemidos dos que estavam morrendo eram parte de um perfeito cenário de horror quase inconcebível. Felizmente para mim, talvez, em pouco tempo fui reduzido a uma condição que considerou-se necessário me manter quase sempre no convés e, devido à minha juventude extrema[104], não fui colocado nos grilhões. Nessa situação, eu esperava constantemente compartilhar o destino dos meus companheiros, alguns dos quais eram trazidos quase diariamente para o convés perto de morrer e comecei a esperar que logo o meu sofrimento chegaria ao fim. Muitas vezes, pensei que muitos dos habitantes das profundezas eram muito mais felizes do que eu. Eu os invejava pela liberdade que tinham e muitas vezes desejava poder trocar a minha condição pela deles. Toda circunstância que eu passava servia apenas para tornar o meu estado mais doloroso e aumentar as minhas apreensões e a minha opinião sobre a crueldade dos brancos. Um dia, eles pegaram um grande número de peixes e, quando se satisfizeram com quantos queriam, para a estupefação de todos que estávamos no convés, em vez de dar alguns para nós comermos, como esperávamos, devolveram os peixes restantes ao mar, apesar de termos implorado e orado por alguns tão bem quanto podíamos, mas em vão. Alguns dos meus conterrâneos, pressionados pela fome, tiveram uma oportunidade e quando achavam que ninguém os via, tentaram conseguir alguns escondidos, mas foram descobertos e essa tentativa fez com que fossem gravemente flagelados.

Um dia, quando o mar estava calmo e o vento moderado, dois dos meus conterrâneos exaustos que estavam acorrentados juntos (eu estava constantemente perto deles), preferindo morrer do que viver uma vida tão miserável, conseguiram ultrapassar as redes e se lançaram ao mar: logo depois outro

---

[104] Cerca de onze anos de idade.

companheiro bem deprimido que estava sofrendo devido à sua doença também seguiu o exemplo dos dois primeiros e acredito que muitos outros teriam feito o mesmo logo depois, se não tivessem sido impedidos pela tripulação do navio, que se alarmou instantaneamente. Os mais ativos dentre nós foram colocados sob o convés por um momento e houve tamanho barulho e confusão entre as pessoas do navio como eu nunca tinha ouvido, para parar a embarcação e fazer com que ela voltasse para recuperar os escravos. Contudo, dois dos coitados se afogaram, mas eles recuperaram o outro e depois o flagelaram sem piedade por tentar preferir a morte à escravidão[105]. Desse modo, continuamos a passar por mais sofrimentos do que consigo relatar, sofrimentos inseparáveis deste tráfico maldito. Muitas vezes, quase fomos sufocados pela necessidade de ar fresco, o qual frequentemente ficávamos sem, durante dias inteiros. Isso e o fedor das banheiras necessárias tiraram a vida de muitos. Durante a nossa passagem, vi pela primeira vez peixes voadores, que me surpreenderam muito: voavam frequentemente sobre o navio e muitos deles caíam no convés. Eu também vi pela primeira vez o uso do quadrante; muitas vezes eu tinha visto os marinheiros fazendo observações com ele e não imaginava o que significava. Então perceberam a minha curiosidade e um deles, querendo aumentá-la, assim como satisfazê-la, um dia me fez olhar por ele. As nuvens pareciam terra para mim, que desapareciam conforme elas passavam. Isso aumentou o meu fascínio e agora eu estava mais persuadido do que antes que eu estava em um outro mundo e que tudo ao meu redor era mágica. Em um certo ponto, vimos a ilha de Barbados, quando os brancos a bordo deram grandes gritos e fizeram muitos sinais de alegria para nós. Não sabíamos

---

[105] Não era incomum o indivíduo desesperado tentar se lançar ao mar e se afogar em viagens em navios negreiros. Em alguns casos, ocorriam rebeliões e aproximadamente uma vez por ano ao longo do século XVIII, os africanos conseguiam tomar o controle da embarcação para tentar voltar para a África.

o que pensar disso, mas conforme a embarcação se aproximava vimos claramente o porto e outros navios de tipos e tamanhos diferentes e logo ancoramos em Bridgetown. Muitos comerciantes e fazendeiros subiram a bordo, apesar de ser noite. Eles nos separaram em grupos e fomos examinados atentamente. Também nos fizeram pular e apontaram para a terra, significando que deveríamos ir para lá. Pensávamos que seríamos comidos por esses homens feios, já que assim pareciam para nós e, quando logo depois fomos todos colocados sob o convés novamente, houve muito medo e temor entre nós e nada além de choro amargo podia ser ouvido a noite inteira dessas apreensões, de maneira que finalmente as pessoas brancas trouxeram alguns escravos idosos da terra para nos acalmar. Eles nos disseram que não seríamos comidos, mas trabalharíamos e logo seríamos levados para terra, onde veríamos muitos de nossos conterrâneos. Isso nos animou muito e logo depois que chegamos em terra firme, africanos de todas as línguas vieram até nós. Fomos conduzidos imediatamente ao pátio do comerciante, onde fomos todos confinados, tão unidos como muitas ovelhas em um redil, sem levar em conta sexo ou idade. Como tudo era novo para mim, tudo o que eu via me surpreendia. O que me impressionou inicialmente foi ver que as casas eram construídas com andares e eram muito diferentes das casas na África: mas eu fiquei ainda mais impressionado ao ver pessoas cavalgando sobre cavalos. Eu não sabia o que isso significava, na verdade, achava que essas pessoas dominavam as artes mágicas.

Apêndice D

Cartas de Baquaqua

Estas são algumas das cartas mais interessantes que Baquaqua escreveu. Há algumas de cunho exclusivamente religioso, que preferi deixar de fora. Por essas correspondências percebe-se que o inglês de Baquaqua era bem rudimentar mesmo após o estudo e muitas frases são confusas, gramaticalmente ou ortograficamente incorretas. Tentei adaptar da melhor forma possível para português, apesar da dificuldade de entender algumas frases.

Para Cyrus P. Grosvenor, Port-au-Price, 14/11/1848

Meu amigo Sr. Grosvenor

Quero muito vê-lo. O Cônsul brasileiro[106] disse que se me visse novamente em Nova Iorque, me enviaria novamente para o Brasil como escravo. Quero que ele ame Deus. Quero que todas as boas pessoas em Nova Iorque orem a Deus para pedir um novo coração para ele. Quero que orem por mim também. Quero amar a Deus muito mais. Quero que todas as pessoas que amam a Deus orem por minha mãe, irmão e irmã na África. Quero muito ir para os Estados Unidos, ir para escola e aprender a entender a Bíblia muito bem.

---

[106] Apesar da proibição do tráfico de escravos no Brasil pela lei Feijó, promulgada em 1831, lei que dizia, em seu artigo primeiro, que todos os escravos que entrassem no Brasil a partir daquela data eram livres, o cônsul brasileiro Luiz Henrique Ferreira d'Aguiar apoiou o capitão do navio Lembrança na disputa jurídica que ocorreu em Nova Iorque logo após a fuga de Baquaqua e se empenhou para que Baquaqua fosse enviado como escravo no Brasil.

Tchau e quero voltar para a África e ver meus amigos e contar a todas as pessoas sobre Jesus Cristo. Que Deus dê a elas novos corações.
Mahommah

Para George Whipple, Siracusa, 14/09/1853

Caro irmão,

Por favor, me escreva esta semana e me diga quando a embarcação irá para África. Se irá em outubro ou em dezembro. Então saberei quando estarei em casa. Irei embora de McGrawville daqui a cerca de uma semana, acho que se eu for para África neste outono, não deverei ficar em Mc_____[107]. Por favor, se me escrever, faça todas as perguntas que quiser.

Caro irmão, ore por mim. Gosto de viver bem e (quero) morrer bem. Dê os meus melhores cumprimentos para o reverendo Jocelyn e diga a ele que preciso desta oração, farei o mesmo por ele.
Apressadamente,
M. G. Baquaqua

Para George Whipple?, McGrawville, 6/01/1854

Meu caro irmão,

Há algo que é necessário que eu diga, se eu for para a África, neste ano ou no próximo ano. É porque eu tenho que trabalhar na fazenda na primavera e ficarei aqui por mais de dois anos. Eu aluguei um acre de terra, por esta razão eu gostaria de saber.

---

[107] Texto manuscrito incompreensível, mas provavelmente McGrawville.

Em amor cristão,
M. G. Baquaqua

Para Gerrit Smith, Chatham, 25/05/1854

Meu caro irmão em Cristo,

Não espero escrever para você em Washington. Lamento em informar que a Missão livre matou a Missão África. E matou Mahommah também, mas preciso morrer antes de morrer. Agora, caro irmão, gostaria de comprar um pedaço de terra, mas não tenho dinheiro nenhum. Eu ficaria muito contente se pudesse me aconselhar. Se você puder, me ajude a comprar uma terra no Canadá ou no estado de Nova Iorque. Lembre-se que a minha mãe, irmã, irmão e amigos na África rezam por nós.[108] Deus o abençoe. Se for possível, escreva para mim diretamente em Chatham, Canada West. A Missão livre não fez bem para mim desta vez. Não posso informar o assunto completo. Eu me lembrarei de você em minha humilde oração.

Para Gerrit Smith, Detroit, 4/07/1854

Meu caro irmão em Cristo,
(...)
A minha narrativa está pronta para ir para a gráfica. A razão que escrevo isso é que a impressão dela custará muito. Eu não tenho mais para pagar por ela. Será um livro muito interessante. Um homem inglês[109] o escreveu para mim. Eu o paguei para isso. Eu ficaria muito contente se você pudesse me

---

[108] Isso dá a entender que ele fez contato com a família na África.
[109] Samuel Moore era irlandês.

emprestar US$ 200 para imprimi-lo e eu o pago em cerca de 6 meses. Eu poderei pagar antes, assim que eu conseguir o dinheiro da venda dos livros.
Atenciosamente,
Mahommah Gardo Baquaqua

www.ingramcontent.com/pod-product-compliance
Lightning Source LLC
Chambersburg PA
CBHW031408040426
42444CB00005B/463